NOUVEAU GUIDE DE

NAPLES

LE VESUVE ET LES CHAMPS PHLEGREENS

Edizioni KINA Italia / LEGO

Introduction

La fondation de Naples suscite des théories obscures et non moins controversées. Les historiens et les archéologues s'accordent sur le fait que la ville a des origines grecques et que ce sont des colons venus de Cumes qui ont creusé les premières fondations. Toutefois, les circonstances précises de cet événement n'ont toujours pas été éclaircies. D'aucuns affirment que Neapolis était la "ville nouvelle" construite en opposition à la "vieille ville" (Paleopolis) ; d'autres, en revanche, nient l'existence d'un centre habité plus ancien et soutiennent qu'au VIe siècle avant J.-C., les habitants de Cumes ont directement fondé une Neapolis que l'on devrait pouvoir retrouver aujourd'hui entre la rue Foria et la mer. Quelles que soient ses origines, Naples nacquit sur un site merveilleux. Un climat délicieux, une nature luxuriante, une vue enchanteresse sur un des golfes les plus beaux du monde ; à l'époque romaine, Naples commença à s'agrandir et à acquérir la réputation qu'elle conservera tout au long des siècles à venir. Des siècles rythmés par une histoire compliquée et tourmentée, faite de brèves périodes d'autonomie florissante et de centaines d'années de domination étrangère plus ou moins bienveillante et illuminée. Les Byzantins, les Goths, les Normands, les Souabes, les Angevins, les Aragonais, les Bourbons : tous ont laissé leur empreinte sur la ville et de nombreux témoignages de leur passage. Romolo Augustolo, Tancrède, Frédéric II, Charles Ier d'Anjou, Jeanne Ire, Ferdinand Ier d'Aragon, Philippe II de Habsbourg, le viceroi Don Pedro de Tolède, Joachim Murat : tous possédèrent Naples et Naples fut obligée de se soumettre à leur munificence et à leur folie, à leur bienveillance et à leur cruauté, à leur politique et à leurs vengeances. Tous, ou presque, lui offrirent des monuments grandioses et lui imposèrent leur tyrannie, des églises somptueuses et leurs batailles, des ouvrages d'utilité publique et de lourds impôts. En dépit de cette succession

de faste et de misère, de pauvreté et de richesse, de périodes de paix et de guerre entrecoupées de calamités naturelles en tout genre, Naples sut conserver une qualité fondamentale : son indépendance. Même lorsque la domination étrangère l'étouffait littéralement, la ville refusa de se laisser totalement asservir. Témoins les insurrections populaires qui constellent son histoire, la très célébre révolte de Masaniello, les sièges infligés aux centres du pouvoir contesté. Mais au-delà de ces épisodes de vaste envergure, on peut parler d'une indépendance plus intime, intellectuelle notamment, très souvent vécue au plus profond de l'âme, en silence, par chaque individu, et non proclamée haut et fort. Presque comme si, pendant des siècles, les napolitains avaient mis un point d'honneur, de génération en génération, à perpétuer leur liberté, ou plus exactement leur attachement, voire même leur appartenance, à Naples. C'est là le motif de l'incroyable dynamisme culturel et de la liberté intellectuelle de cette ville, de son esprit d'entreprise et de son énergie illimités, de son côté humain, de sa fierté et de sa capacité à affronter les mille et un événements qui ont marqué son histoire. Naples est une ville d'art au sens propre du terme. Une ville où l'art semble avoir germé spontanément sur un terrain fertile, pour offrir au monde entier de véritables merveilles, de la peinture à la musique, de la poésie à l'architecture, du théâtre à la danse. Ses rues sont disséminées de monuments splendides et non moins grandioses. Et de gens, ces gens qui, au quotidien, font de Naples ce qu'elle est aujourd'hui, perpétuent sa culture et sa façon de vivre inimitable, une ville contestée par d'aucuns, souvent incomprise, mais toujours admirée, du moins pour une de ses innombrables facettes. Neapolis a bien mérité son nom de ville nouvelle, métropole de l'an deux mille où l'on "respire" une culture antique et profonde et où l'on perçoit encore l'authenticité des habitants qui est restée la même au fil des siècles.

Place Municipio

Centre administratif et commercial de la ville, cette place pleine de vie, légèrement en pente, réaménagée et embellie, si besoin était, à l'occasion du G7 (1994), constitue un salon élégant d'où l'on peut admirer quelques unes des principales beautés de Naples. De la vaste esplanade ornée en son centre par le monument solennel à Vittorio Emanuele II (réalisé au XIXe siècle par des sculpteurs de Campanie, Tommaso Solari et Alfonso Balzico), on peut en effet admirer le palais de l'Hôtel de Ville et l'église San Giacomo degli Spagnoli (qui donne directement sur la place) mais aussi le Castel Nuovo (également connu sous le nom de Maschio Angioino), le Palais Royal, la zone portuaire et, au loin, le Vésuve d'un côté et, de l'autre, la verte colline de San Martino sur laquelle s'élèvent le candide édifice de la Chartreuse du même nom et Castel Sant'Elmo. A l'ouest, l'imposant palais de l'Hôtel de Ville, également appelé San Giacomo en raison de la présence, à ses côtés, de l'église consacrée à ce saint, fut édifié à partir d'un projet proposé par les architectes napolitains Luigi et Stefano Gasse en 1816-1825, pour accueillir les ministres du Royaume bourbonien. L'aile droite du bâtiment est occupée par l'Eglise San Giacomo degli Spagnoli, baptisée ainsi parce qu'elle fut édifiée en 1540 sous l'égide du vice-roi Don Pedro de Tolède. On doit toutefois son aspect actuel à toute une série de transformations apportées deux cent ans environ après sa construction, aux alentours de la moitié du XVIIIe siècle. L'intérieur,

1

en croix latine, constitué de trois nefs précé-dées d'un vestibule et d'une vaste abside, est truffé de témoignages artistiques qui, pour la plupart, datent du XVIe siècle, et notamment de peintures et de sculptures qui ornent les monuments funéraires : parmi eux, nous citerons le sépulcre de Don Pedro de Tolède, agrémenté de statues figurant les Vertus Cardinales et, sur le socle, de reliefs narrant des épisodes historiques de la vie de la ville. Abandonnons le palais de l'Hôtel de Ville et continuons notre promenade vers la mer, pour rencontrer, sur la gauche, le théâtre Mercadante, édifié en 1778 mais dont la façade principale a été refaite à la fin du XIXe siècle. A l'extrémité de la place, le vaste Molo Angioino s'étend sur le site portuaire ; construit en 1302 sous l'égide de Charles II d'Anjou, il sépare le Bassin Angioino, qui date lui de la fin du XVIe siècle, et le Port Commercial, voulu par Charles II d'Anjou, mais agrandit et modernisé par les princes régnants qui lui succédèrent.

1) Place Municipio.
2) Hôtel de Ville.

2

Maschio Angioino

L'édifice se dresse au sud de la place de l'Hôtel de Ville, sur une hauteur qui le rend, autant que cela puisse être possible, encore plus imposant et plus majestueux. Rebaptisé Castel Nuovo pour le différencier de ses prédécesseurs, Castel dell'Ovo et Castel Capuano, il a vu le jour en tant que Maschio Angioino (Donjon d'Anjou) en référence à son fondateur, le roi Charles Ier d'Anjou, qui le fit ériger entre 1279 et 1282 en tant que résidence personnelle. Alphonse d'Aragon le fit quant à lui reconstruire presque entièrement par des artisans et des artistes espagnols et toscans suite aux gros dommages subis pendant la guerre qui, au XVe siècle, ensanglanta le Royaume (le principal élément de la construc-

tion d'origine ayant survécu est la chapelle Palatine, qui abrite aujourd'hui des sculptures et des fresques des XIVe et XVe siècles, appartenant au Musée Municipal, ainsi que des peintures datant de la période comprise entre le XVe et le XXe siècle ; les argents et les bronzes du Musée sont en revanche exposés sur les trois étages de l'aile sud du château). Durant la première moitié du XVIe siècle, les bastions circulaires extérieurs, spécialement réalisés quelques années auparavant par le florentin Antonio da Settignano pour y stocker l'artillerie du roi aragonais, furent remplacés par des bastions espagnols (dont un fut entièrement détruit en 1536 suite à l'explosion de la poudre à canon qui y était entreposée) ; mais c'est surtout au XVIIIe siècle que la structure fit l'objet des plus grosses

transformations et des plus importantes modifications. Enfin, au début du XXe siècle, d'imposants travaux de restauration et de reconstruction partielle menés sur la base d'anciens documents qui le représentaient ont redonné au Maschio Angioino l'aspect qu'on lui connaît aujourd'hui.

De forme trapézoïdale, le château est doté de cinq gros donjons crénelés à base cylindrique entièrement recouverts de piperno (une roche éruptive de couleur grise) qui se dressent au-dessus du fossé qui entoure entièrement l'édifice. Coincé entre les deux tours qui flanquent l'entrée de l'aile Ouest (la Tour de Guardia et la Tour di Mezzo) se dresse le célèbre Arc de Triomphe : cet ouvrage imposant, édifié en l'honneur d'Alphonse Ier, qui entra à Naples le 26 février 1443, fut réalisé par un certain

Maschio Angioino (Castel Nuovo) et détail.

nombre d'artistes (dont Domenico Gagini et Francesco Laurana) dont les noms n'ont pas encore tous été identifiés. La vocation

commémorative de ce monument transparaît en tout point, à commencer par les reliefs qui ornent les colonnes corinthiennes sur lesquelles repose le premier arc, figurant Alphonse entouré de sa famille et des membres du Royaume ; au-dessus s'ouvre un vaste attique, sur lequel figure le véritable relief avec le Triomphe, lui-même surmonté d'un deuxième arc (soutenu, cette fois, par des colonnes ioniques) sur lequel repose un autre attique décoré des statues de la Tempérance, de la Force Morale, de la Justice et de la Magnanimité placées dans d'élégantes niches. La figuration de deux fleuves surmontés de la statue de Saint-Michel parachève le tout.

En se promenant autour du château, on a une excellente vue d'ensemble de l'architecture des fortins réalisés entre le XIVe et le XVIIIe siècle. A gauche de l'entrée, la Tour Saint Georges précède la muraille remaniée au XVIIIe siècle qui se développe tout le long de l'aile Nord, jusqu'à la Tour du Beverello, derrière laquelle s'ouvre, à l'intérieur, la salle des Barons, dont on aperçoit certaines fenêtres. Tournée vers la mer, l'aile Est est rythmée par la paroi absidale de la chapelle Palatine qui, comme nous l'avons déjà évoqué, est la plus importante construction existante du XIVe siècle. Vient ensuite un corps considérablement avancé au-delà duquel on remarquera deux loggias superposées (XVe et XVIe siècles) qui se prolongent jusqu'au cinquième donjon, le seul qui ne soit pas recouvert de piperno. Une autre courtine de remparts, surmontée d'une loggia cette fois, relie cette tour (dite dell'Oro car les Aragonais y entreposaient leurs richesses) à la tour de Guardia qui flanque l'Arc de Triomphe.

Après avoir franchi l'Arc de Triomphe, on pénètre dans la cour du château, précédée d'un vestibule à couverture voûtée qui témoigne clairement de son origine stylistique espagnole. Quadrangulaire, l'espace intérieur est délimité sur les côtés par des architectures XVIIIe (à l'Ouest et au Nord) et XVIe (au Sud) ; du XVe siècle, il ne reste plus qu'un portique en pierre grise comme l'extérieur, rythmé par des piliers octogonaux. Le long du côté Est se succèdent les façades de la Salle des Barons (flanquée d'un escalier qui mène à la construction d'origine et agréablement décorée de précieux ornements), celle de la Chapelle Palatine et celle de l'appartement réservé au vice-roi. Réalisée par l'architecte espagnol Guglielmo Sagrera durant la première moitié du XVe siècle, la Salle des Barons (où ont lieu aujourd'hui les réunions du Conseil Municipal) est un grandiose salon carré dont on remarquera notamment le très haut plafond à voûte octogonale orné de décorations représentant les exploits des princes aragonais et parcouru d'un promenoir ouvert sur l'extérieur par une série de petites fenêtres. Côté mer, le mur est enrichi d'un imposante cheminée située entre deux grandes fenêtres. Cette salle était reliée aux appartements royaux par le portail du Triomphe (à gauche de l'entrée) ; en 1919, un grave incendie, qui endommagea sérieusement toute la salle, abîma de façon irrémédiable les bas-reliefs qui ornaient le portail à l'intérieur et à l'extérieur, respectivement réalisés par Domenico Gagini et Francesco Laurana. A droite de la Salle des Barons se trouve la chapelle Palatine (XIVe), également appelée église Sainte Barbara ou Saint Sébastien, réalisée à la demande de la Maison d'Anjou. On y admirera notamment le portail en marbre décoré de reliefs raffinés du XVe siècle représentant la Nativité, une Vierge entourée d'anges et une Vierge ; œuvre d'artistes espagnols, la rosace qui surmonte cette dernière a été réalisée au XVe siècle pour remplacer l'originale, détruite par un tremblement de terre en 1456. Le style austère de l'intérieur, à une seule nef, est animé par des fenêtres élancées à baie unique autrefois agrémentées de fresques de l'école toscane figurant différents sujets, dont il ne reste que peu de traces. Orné d'un relief représentant la Cène, le ciborium (XVe), situé à hauteur du mur gauche du presbytère, témoigne de beaucoup d'élégance. A gauche du presbytère, un petit escalier en colimaçon de plus de cent marches reliait la chapelle à la Salle des Barons. Autrefois, la chapelle était également reliée, par un autre escalier en colimaçon (aujourd'hui muré) à une pièce plutôt macabre communément appelée le souterrain de la conjure des Barons ; elle abrite, dans des cercueils ouverts, quatre momies datant des XVe et XVIe siècles, dont une particulièrement impressionnante dont les mains liées et les traits contractés dénoncent sans l'ombre d'un doute une mort violente par étouffement.

Au fil des siècles, les murailles du château ont été les témoins d'épisodes quelquefois résolument tragiques. De fait si, d'un côté, le Maschio Angioino a toujours accueilli des poètes, des hommes de lettres, des humanistes et des chercheurs illustres tels que Francesco Petrarca, Boccace, Lorenzo Valla et Bartolomeo Facio pour n'en citer que quelques uns, ainsi que des artistes de grande renommée, (Giotto lui-même fut appelé par le roi Robert au XIVe siècle pour réaliser des fresques dont il ne reste malheureusement plus rien), témoins de la grande sensibilité des différentes cours qui s'y succédèrent, de l'autre, il est tout aussi vrai qu'en tant que symbole du pouvoir du royaume, il fut pendant des siècles un des enjeux des luttes intestines qui opposèrent les français aux espagnols et le peuple à tous les dominateurs étrangers, et vit à ce titre quelques uns des épisodes les plus sanglants mais aussi les plus importants de l'histoire parthénopéenne et de l'histoire en général : c'est ici, par exemple, que le Pape Célestin V, cité par Dante dans la Divine Comédie, renonça en 1294 à la papauté. Parmi les événements les plus célèbres mais aussi les plus cruels auxquels le Castel Nuovo servit de cadre, citons celui qui vit Ferdinand Ier, pendant l'été 1486, inviter à sa cour, sous le fallacieux prétexte des noces d'une de ses nièces, les plus illustres barons du royaume, qu'il fit en fait arrêter et justicier sous l'accusation, fondée au demeurant, d'avoir conjuré contre lui. En tant que symbole du pouvoir, Castel Nuovo fut également plusieurs fois pris d'assaut par le peuple napolitain en signe de rébellion ou de protestation, comme en 1346, après l'assassinat d'André de Hongrie sur ordre de son épouse Jeanne qui, deux ans plus tard, sera obligée de se réfugier en France lorsque le frère de son défunt mari, Louis de Hongrie, organisera une expédition contre Naples.

Galerie Umberto Ier.

Galerie Umberto Ier

De la Piazza Municipio, lorsqu'on emprunte l'élégante Via San Carlo, on rencontre, sur la droite, un bâtiment monumental qui porte le nom du roi Umbert Ier, et qui est un des plus majestueux d'Italie. Cette structure imposante, qui s'inscrit dans le complexe urbain en qualité de galerie, selon le schéma habituel de la fin du XIXe siècle, fut érigée par le napolitain Emanuele Rocco, épaulé par d'autres architectes, entre 1887 et 1891. Posée sur une base octogonale, la coupole projetée par Paolo Boubée, dotée d'une structure en fer et d'un toit en verre (comme l'ensemble de la galerie du reste) mesure 57,5 mètres de hauteur et donne à l'édifice une légèreté considérable qui se marie à merveille avec l'aspect aérien des grandes fenêtres à lunette et des bras de la galerie. La décoration des parois internes, subdivisées sur deux étages posés sur les piliers du rez-de-chaussée, est magnifique, et l'ornementation réservée à l'extérieur de la galerie est grandiloquente. Au-dessous de la structure, l'architecte a prévu une salle circulaire agré-

1

1) Entrée de la Galerie Umberto Ier.
2-3) Galerie Umberto Ier.
4-5) Place Trieste e Trento.

mentée de motifs en style belle époque qui accueille le théâtre Margherita.

2

3

4

Place Trieste e Trento

En sortant de la Galerie Umberto I et en continuant le long de la Via San Carlo, on tombe sur cette petite place agrémentée en son centre d'une belle fontaine, autrefois connue sous le nom de Piazza San Ferdinando en raison de la présence de l'église du même nom, dont la façade s'inscrit dans le schéma irrégulier de la place. Cette église, édifiée et immédiatement modifiée au XVIIe siècle, appartenait au départ aux Jésuites qui la consacrèrent à Saint François Severio et ce n'est que vers la seconde moitié du XVIIIe siècle qu'elle pris le nom qu'on lui connaît aujourd'hui en l'honneur du roi Ferdinand de Bourbon : voilà pourquoi, à l'intérieur à une seule nef, la plupart des peintures représentent saint François Severio et non saint Ferdinand, que l'on retrouve quand même sur le maître-autel, dans un tableau du napolitain Filippo Maldarelli.

5

Théâtre San Carlo

A l'angle de la Piazza Trieste e Trento et de la Via San Carlo se dresse un des ouvrages les plus grandioses et les plus heureux que le roi Charles de Bourbon a fait réaliser à Naples pendant son règne. Le Théâtre San Carlo, deuxième théâtre d'Italie après la Scala de Milan (construite quarante ans plus tard et qui, comme elle, peut se vanter de posséder une des premières écoles de bal italienne) est également un des temples de la musique lyrique les plus célèbres du monde.

Le bâtiment qui l'accueille fut construit en très peu de temps (huit mois seulement) en 1737 à partir du projet de l'architecte sicilien Giovanni Antonio Medrano et immédiatement inauguré le 4 novembre de la même année, en l'honneur de la fête du roi, à l'occasion de laquelle on pu assister à la représentation d'une oeuvre de Metastasio.

Modifié et embelli par la suite (l'atrium et la loggia de la façade datent du tout début du XIXe siècle), le théâtre vu malheureusement un incendie ravager complètement la salle en février 1816. Les travaux de réparation furent aussi rapides que la construction, à tel point qu'en été de cette année là, le florentin Antonio Niccolini, qui avait été chargé de la reconstruction, fut en mesure de redonner à la ville son théâtre le plus célèbre. D'autres travaux de restauration et de modernisation se succédèrent jusqu'au début du XXe siècle, époque à laquelle le toit de l'édifice fut rehaussé et la grande scène (d'une superficie de 33 x 34 mètres) et l'ameublement furent remaniés. A l'intérieur, la salle, qui peut accueillir jusqu'à trois mille spectateurs, est étonnante de beauté grâce à des décorations dorées, qui firent dire à Stendhal "Au départ, on a l'impression d'être dans le palais d'un empereur oriental [...]", salle qui, en dépit de sa richesse, a su respecter la sobre élégance de l'ensemble, dominée par la majestueuse loge royale couronnée par 184 autres loges disséminées sur six niveaux agrémentés de balustrades décorées de motifs sophistiqués. La voûte est ornée d'une fresque mythologique représentant Minerve et les plus grands poètes grecs, latins et italiens : la scène que l'on découvre quand le rideau tombe (XIXe siècle - Homère et les Muses accompagnés d'aèdès et de musiciens), s'inspire elle aussi de la mythologie. Célèbre dans le monde entier en vertu de son acoustique parfaite, la salle du théâtre San Carlo de Naples a accueilli les premières de nombreuses oeuvres célèbres, parmi lesquelle la Somnambule de Vincenzo Bellini.

1

1) Théâtre San Carlo : intérieur.
2) Intérieur, détail.
3) Théâtre San Carlo.

Place Plebiscito et quartier Pizzofalcone

De la Piazza Trieste e Trento, notre promenade se poursuit le long de la façade latérale du Palais Royal, jusqu'à la Piazza Plebiscito. Grandiose, cette grande esplanade aux pieds du mont Echia (connu sous le nom de Pizzofalcone depuis le XIIIe siècle) est entourée, à l'ouest, de splendides arcades semi-elliptiques dont la construction démarra en 1809, à la demande du vice-roi Joachim Murat, sous la direction de Leopoldo Laperuta. Une colonnade d'ordre dorique encadre au centre la solennelle façade principale de la basilique San Francesco da Paola (voir plus loin), face à laquelle se dressent deux statues équestres de Ferdinand Ier (qui fit construire l'église) et de Charles III de Bourbon, respectivement réalisées par les sculpteurs Antonio Cali et Antonio Canova. C'est au napolitain Laperuta que l'on doit la silhouette du Palais de la Préfecture (1815), situé à l'extrémité nord de la place. Sur le côté sud, à l'angle de la Via Cesario Console, s'élève le Palais Salerno, érigé à la fin du XVIIIe siècle. Le côté situé en face aux arcades est entièrement occupé par la silhouette imposante du Palais Royal (voir plus loin) et par sa façade d'origine (XVIIe siècle) qui s'étend sur 170 mètres de long. Derrière la place, en direction de l'est, commence le pittoresque quartier Pizzofalcone, qui doit son nom à la butte sur laquelle il se dresse, vestige de l'ancien cratère volcanique du mont Echia. Le côteau, célèbre à l'époque latine en raison de la splendide villa de Luculus qui s'y dressait, fut d'abord transformé en une petite bourgade fortifiée vers la moitié du Ier siècle après J.-C., puis accueillit des communautés, des structures monastiques et des églises; au XIVe siècle, il retrouva un aspect défensif sous l'égide d'Alphonse Ier d'Aragon, qui y fit ériger une forteresse. Le développement urbain de ce quartier eut réellement lieu entre le XVIe et le XVIIIe siècles, période qui vit se dresser de nombreuses habitations et de somptueux palais résidentiels. Entre 1927 et 1930, on y fit creuser la Galerie de la Victoire, une oeuvre de génie civil imposante de plus de six cent mètres de long qui relie la partie est et la partie ouest de la ville. De la Piazza Plebiscito,

2

en tournant à droite à hauteur du Palais Salerno, une rampe mène à la petite place Salazar, où l'Institut d'Art (1879) accueille un petit musée où l'on peut admirer une collection intéressante d'art appliqué et de précieux objets d'époques différentes, des splendides étoffes orientales du Ve siècle aux produits raffinés du XVIIIe sortis tout droit de la manufacture de Capodimonte. D'ici, en prenant sur la gauche, la Via Solitaria, puis à droite la Via Egiziaca a Pizzofalcone (le long de laquelle se dressent l'église Santa Maria Egiziaca a Pizzofalcone, ornée de précieuses décorations internes en marbre, et le Palais Carafa di San Severino - XVIe siècle), on arrive dans la Via Parisi, et plus particulièrement au bâtiment de la Nunziatella, qui date de 1588, et à l'église du XVIIIe siècle qui accueille en son sein de précieuses oeuvres picturales et sculpturales. En remontant la Via Parisi et en tournant à droite, on tombe sur l'élégante Via Monte di Dio, le long de laquelle se dressent quelques uns des plus beaux palais du XVIIIe siècle, parmi lesquels on remarquera notamment, en vertu de sa décoration intérieure, le Palais

1

1) Place Plebiscito : Monument équestre.
2) L'église San Francesco di Paola vue du Palais Royal.
3) Palais Royal.

Serra di Cassano, projeté par l'architecte napolitain Ferdinando Sanfelice. Au bout de la rue, à

3

3

gauche, sur la place du même nom, s'élève l'église Santa Maria degli Angeli a Pizzofalcone, et sa splendide façade baroque dominée par une coupole majestueuse. Construite au début du XVIIe siècle par le toscan Francesco Grimaldi, elle abrite dans son intérieur à trois nefs flanquées de chapelles latérales d'intéressantes peintures de Luca Giordano (Sacra Famiglia et San Giordano) et la grandiose décoration de la coupole figurant le Paradis.
De la place Santa Maria degli Angeli, en longeant la Via Gennaro Serra, on arrive sur la Piazza Carolina, située juste derrière le Palais de la Préfecture, d'où l'on retourne sur la Piazza Plebiscito.

1-2-3) Place Plebiscito, Eglise San Francesco et Palais Royal vus de nuit.
4) L'entrée du Palais Royal vue de nuit.

4

Palais Royal

Construit pour servir de résidence au vice-roi Fernandez Ruiz de Castro comte de Lemos à partir d'un projet de l'artiste tessinois Domenico Fontana entre 1600 et 1602, l'imposante silhouette de ce palais occupe un vaste emplacement situé entre Via San Carlo, Via Parco del Castello, Via Ammiraglio Acton et la Piazza Plebiscito, sur laquelle donne la majestueuse façade principale. Cet édifice fut agrandi et transformé vers la moitié du XVIIIe siècle et plus tard, surtout à l'intérieur, au début du siècle suivant. En 1837, il fut partiellement endommagé par un incendie et soumis à de gros travaux de restauration, notamment au niveau de la façade méridionale qui, sur ordre de Ferdinand II, fut considérablement transformée sous la direction de l'architecte Gaetano Genovese. Après la Seconde Guerre mondiale, ce palais fut une nouvelle fois restauré de façon à réparer les graves blessures qui lui avaient été infligées par les bombes ennemies. La

2

façade principale, subdivisée sur deux étages qui surmontent le portique du rez-de-chaussée, est, avec la cour d'honneur intérieure, tout ce qu'il reste du bâtiment d'origine. Le portique a toutefois été partiellement modifié vers la moitié du XVIIIe siècle par Luigi Vanvitelli, qui transforma un certain nombre d'arcades en niches en les fermant, ce qui donne au portique son aspect actuel où les parties vides alternent avec les parties pleines. Les huit niches en question restèrent vides jusqu'en 1888, date à laquelle Umbert Ier décida d'y faire installer huit statues réalisées par des sculpteurs

1) Palais Royal.
2) L'entrée du Palais Royal.
3) Palais Royal (couloir ouest).

d'alors, figurant les principaux régnants de Naples: de gauche à droite, on reconnaît, dans un ordre chronologique, Ruggero le Normand, Frédéric II, Charles Ier d'Anjou, Alphonse Ier d'Aragon, Charles V, Charles III de Bourbon, le vice-roi Joachim Murat et Vittorio Emanuele II de Savoie. L'entrée principale située sur la Piazza Plebiscito donne sur une grande cour d'honneur carrée, dessinée au XVIIe siècle par Domenico Fontana et agrémentée d'un portique surmonté d'une loggia. Dans l'atrium se dresse la célèbre porte en bronze qui, à l'origine, se trou-

vait dans l'arc inférieur de l'Arc de Triomphe du Castel Nuovo. Cette oeuvre (1462-1468) fut commandée à Guglielmo Monaco par Ferdinand Ier pour célébrer sa

1) *Détail de l'escalier du Palais Royal.*
2) *La cour des fiacres et sa fontaine.*
3) *Détail d'une jardinière, porcelaine de Capodimonte (Salon d'Hercule).*
4) *Salon d'Hercule : détail du plafond.*
5) *Salle du trône du Palais Royal.*

victoire sur Jean d'Anjou et sur les barons rebelles: les principaux épisodes de cet événements sont représentés sur les six magnifiques panneaux sculptés en bas-reliefs qui agrémentent la porte. Le monumental escalier d'honneur, réalisé vers la moitié du XVIIe siècle, puis modifié et enrichi de nouvelles décorations en marbres polychromes à l'occasion des travaux de restauration dirigés par le Genovese entre 1838 et 1842, commence dans le hall et monte jusqu'au premier étage, où se trouve l'Appartement royal. C'est en effet ici qu'habitèrent, au lendemain de l'incendie de 1837, les vice-rois et, par la suite, les rois de la dynastie des Bourbons. Après avoir visité le Théâtre de Cour on pénètre à l'intérieur du Musée, situé dans les grandes salles riche-

1) Salon d'Hercule : Atlas.
2) Palais Royal : Salle du Grand Capitaine - Fresque d'A. Vaccaro.
3) Palais Royal : Salon Diplomatique.

4) Salon d'Hercule : trio de vases en porcelaine et cuivre.
5) Cabinet de Joachim Murat.
6) Horloge de Capodimonte.
7) Porte en style pompéien.

gine (la collection des Farnese transférée à Naples sur ordre de Charles de Bourbon à l'occasion de sa montée sur le Trône) elle n'a cessé de s'enrichir grâce à l'acquisition d'autres fonds importants, parmi lesquels l'Atelier des papyrus d'Herculanum, composé de deux milles papyrus environ retrouvés dans la villa du même nom à Herculanum à l'occasion des fouilles de 1752. Dans son patrimoine figurent des manuscrits du IIIe siècle, des Evangéliaires du Ve au IXe siècle, des codes enluminés des XVe et XVIe siècles, des incunables du XVe siècle, des éditions antiques, des lettres et des documents rares.

ment décorées et meublées de meubles, de peintures et d'objets de l'époque qui, pour certains, ont été "empruntés" aux Tuileries de Paris sur ordre de Joachim Murat et Caroline Bonaparte. Le Palais Royal accueille également la Bibliothèque Nationale de Naples, ouverte au public dès 1804. Constituée autour du noyau d'ori-

San Francesco di Paola

Juste en face du Palais Royal, de l'autre côté de la grande Piazza Plebiscito se dresse la majestueuse basilique San Francesco di Paola, couronnée par un grandiose portique semi-circulaire soutenu par des colonnes doriques, construit au début du XIXe siècle sous l'égide de Joachim Murat. L'église (commencée en 1817 et achevée uniquement en 1846) fut quant à elle édifiée sur ordre de Ferdinand Ier de Bourbon qui, comme l'indique l'inscription sur la façade, la fit construire pour remercier le saint de lui avoir permis de reconquérir son royaume, à travers le traité de Catalanza signé le 20 mai 1815. Par un curieux hasard, ou peut-être selon un plan savamment étudié, on trouve ici réunies, à travers l'architecture, les volontés de deux hommes qui, historiquement parlant, furent toujours opposés. L'auteur de cette oeuvre, le tessinois Pietro Bianchi, s'inspira amplement du Panthéon romain ; résultat : une basilique surmontée d'une grande coupole érigée au-dessus d'un imposant tambour et précédée d'un élégant vestibule posé sur six colonnes centrales et deux piliers latéraux d'ordre ionique surmonté d'un tympan triangulaire sur lequel se détachent les statues de la Religion au centre et de saint Ferdinand de Castille et de saint Francesco di Paola sur les côtés. Après avoir traversé le hall d'entrée, flanqué de deux chapelles, on entre dans la splendide rotonde intérieure, entourée d'une colonnade de 34 colonnes en marbre d'ordre corinthien et de 34 piliers situés à l'extérieur de ces dernières. L'endroit (de 34 mètres de diamètre) est magnifiquement surmonté d'une coupole, qui se dresse en son centre sur une hauteur de 53 mètres au-dessus du sol. Le maître-autel, situé en face de l'entrée, fut réalisé par le napolitain Fra Anselmo

1

Cangiano vers la moitié du XVIIe siècle, pour l'église des Saints Apôtres, d'où il fut transporté jusqu'ici ; on admirera notamment sa précieuse décoration composée de pierres précieuses et de pierres dures. Les parois intérieures de la basilique sont agrémentées de huit statues sculptées par différents artistes du XIXe siècle, parmi lesquelles celles des quatre Evangélistes et le groupe figurant Saint Francesco di Paola recevant l'enseigne de la charité des mains d'un ange méritent une mention particulière. Remarquable également, le tableau du peintre romain Vincenzo Camuccini, représentant Saint Francesco di Paola ressuscitant un mort.

2

1-2) L'église San Francesco di Paola vue du Palais Royal.
3) L'église San Francesco di Paola vue du Palais Royal de nuit.

3

De Santa Lucia a Mare à Borgo Marinaro

De la Piazza Plebiscito, en tournant à droite après le Palais Salerno, on tombe dans la Via Cesario Console qui descend vers la mer et croise, quelques mètres plus loin, Via Santa Lucia. Cette artère, autrefois bordée de modestes maisons de pêcheurs, fut modernisée et agrandie dès le XVIIe siècle, époque à laquelle elle devint une des rues les plus animées et les plus agréables de Naples. Sur la gauche, on tombe tout de suite sur la petite église Santa Lucia a Mare qui, selon toutes probabilités, doit son nom au fait qu'à l'époque de sa construction (que l'on peut dater avec quasi certitude avant le IXe siècle, même si la légende populaire raconte qu'elle fut fondée sous l'empereur Constantin) elle se trouvait en bordure de mer. Le bâtiment d'origine fut remplacé par une nouvelle chapelle à la fin du XVIe siècle, qui marqua le début d'une série malheureuse de reconstructions. De fait, vers la moitié du XIXe siècle, l'église du XVIe siècle fut à son tour remplacée par un nouvel édifice qui, détruit par un bombardement pendant la Seconde Guerre mondiale, céda lui-même la place au bâtiment actuel. Si l'architecture extérieure ne révèle pas ses origines, l'intérieur, en revanche, accueille de précieux témoignages de l'art antique. On remarquera notamment un tableau de l'école napolitaine en forme d'arc figurant un Rosaire datant de l'époque de la deuxième église (seconde moitié du XVIe siècle). L'émouvante statue en bois de Santa Lucia, également réalisé par l'école napolitaine, date du XVIIIe siècle. En remontant le tronçon de rue correspondant à la façade de Santa Lucia et en tournant une nouvelle fois à droite, dans la Via Cesario Console, qui descend jusqu'en bordure de mer, notre promenade nous permet de découvrir, non loin du croisement avec la rue Ammiraglio Acton et de ses splendides jardins publics, une statue de l'empereur Auguste (1936). D'ici, en tournant une nouvelle fois à droite, on tombe sur la Via Nazario Sauro : tout le long de cette promenade en bord de mer, qui offre une vue spectaculaire sur la ville et la Méditerranée, on passe devant un monument dédié à Umbert Ier réalisé par le sculpteur napolitain Achille D'Orsi en 1910. La rue se termine par la fontaine de l'Immaculée, d'où l'on a un des plus beaux panoramas de toute la ville ; construit au début du XVIIe siècle, le monument en marbre est formé de trois arcs (l'arc central est plus haut que les deux autres) pesamment ornés de statues, de caryatides et autres éléments décoratifs. Derrière la fontaine commence la Via Partenope, qui croise presque immédiatement, à gauche, le quai de Borgo Marinaro. Situé sur le petit port de Santa Lucia, ce bourg, qui s'élève sur une butte rocheuse, est un des endroits les plus typiques de la ville de Naples, un lieu où les rythmes et les moeurs traditionnels de la vie de tous les jours sont encore bien présents, ce qui n'est pas toujours le cas dans les autres quartiers de la ville. Le charme joyeux de Borgo Marinaro contraste résolument avec la silhouette froide et imposante d'une des principales forteresses napolitaines, Castel dell'Ovo, un manoir au nom légendaire, témoin et héritier de siècles d'histoire napolitaine. On peut également arriver à Borgo Marinaro en passant par l'église Santa Lucia, en descendant la rue du même nom qui, avant de déboucher sur la Via Partenope, croise Via Chiatamone. Autrefois, cette rue était disséminée de grottes, habitées dès la préhistoire et qui, au XVIe siècle, furent fermées sur ordre du vice-roi Pedro de Tolède.

1) *Fontaine de l'Immaculée.*
2) *Borgo Marinaro.*

Castel dell'Ovo

La forteresse massive qui se dresse sur la petite île du Borgo Marinaro doit probablement son nom à sa forme ovoïdale ; toutefois, si l'on en croit la légende qui circule à Naples depuis le XIVe siècle environ, il semblerait que son apparition soit liée à la présence de Virgile, le grand poète latin que d'aucuns, à l'époque, considéraient comme un magicien qui aurait associé le sort du château à un oeuf, fragile par définition, qu'il détenait enfermé dans une carafe : si l'oeuf se cassait, le château s'écroulerait. En vérité, cet édifice, dont le noyau d'origine fut construit en 1128 sur un terrain autrefois occupé par un monastère (dont a retrouvé de nombreux vestiges à l'occasion des travaux de restauration) fit preuve de solidité et de robustesse, du moins jusqu'à la fin du XVe siècle, date à laquelle la chance sembla lui tourner le dos. Le château, témoin de maintes splendeurs, intrigues et douleurs (Conradin de Souabe y fut notamment emprisonné ainsi que les deux jeunes fils de Manfredi jusqu'à leur mort, tout comme la reine Jeanne Ire), fut en effet bombardé une première fois par Charles VIII, puis détruit par l'explosion d'une bombe. Reconstruit presque complètement à la fin du XVIIe siècle, il fut une nouvelle fois bombardé en 1733, par les troupes de Charles de Bourbon. Lorsqu'on visite l'édifice, on décèle les différents travaux de restauration et d'agrandissement qui se sont succédés au fil des siècles, des plus anciens réalisés sous l'égide de Frédéric II (les tours) à ceux du XIXe siècle. Au-delà des éléments architecturaux typiques des constructions fortifiées, on trouve, à l'intérieur du château, de nombreux vestiges inhérents à la vie monastique qui s'y déroula pendant des siècles : à ce propos, citons notamment les ruines de l'église San Salvatore (VIIe siècle), les cellules conventuelles creusées à même la roche et la grande salle des colonnes, dont les arcs sont posés sur des colonnes en marbre de l'époque romaine, où se trouvait probablement le réfectoire du couvent.

1) Castel dell'Ovo.
2) Via Caracciolo.

1

Via Caracciolo

En quittant Castel dell'Ovo et la petite île de Borgo Marinaro, tournez à gauche dans la rue Partenope et continuez jusqu'à la pittoresque place de la Victoire, qui offre une vue splendide sur la ville et la colline de la Chartreuse. Derrière les plates-bandes, à l'angle de la Via Gaetani, on peut visiter l'église Santa Maria della Vittoria (XVIIe) incorporée à un palais et érigée pour remercier la Vierge de la victoire de Lepanto en 1571. Dans le prolongement de Via Partenope, Via Caracciolo offre elle aussi un beau panorama ; elle est dominée sur la moitié du parcours par la Villa Communale et son parc grandiose ombragé de palmiers, d'eucalyptus et autres grands arbres. Cette propriété fut ouverte au public vers la fin du XVIIIe siècle sur ordre de Ferdinand IV, qui chargea l'architecte Carlo Vanvitelli, le fils du célèbre Luigi, de transformer le site en jardin. À partir du XIXe siècle et jusqu'au XXe siècle, le parc fut agrandi et embelli, ce qui explique sa splendeur d'aujourd'hui. La grande allée plongée dans une végétation luxuriante est disséminée de statues, de monuments (on remarquera notamment celui qui a été construit en 1936 en l'honneur d'Armando Diaz) et de fontaines de plusieurs époques (dont le bassin provient des fouilles de Paestum), et abrite également de nombreux édifices du XIXe comme le kiosque de la musique, le petit palais du Cercle de la Presse et un petit temple ionique. La Villa à proprement parler, située en plein centre du parc, accueille une importante institution napolitaine fondée en 1872 par le naturaliste allemand Antonio Dohrn, la Station Zoologique, consacrée à l'étude de la faune et de la flore marines.

L'Aquarium

Célèbre dans le monde entier, l'aquarium de Naples est l'un des plus vieux d'Europe. Il fait partie de la Station Zoologique, un vaste complexe doté de laboratoires ultra modernes pour l'étude de la zoologie et de la botanique marines, d'une riche bibliothèque spécialisée et, surtout, de vingt-neuf bassins où, dans des environnements spécialement conçus pour assurer leur survie et leur développement, vivent environ deux cent espèces marines, animales et végétales, toutes endémiques du golfe de Naples. Au-delà des mollusques (étoiles de mer, oursins, calamars, peignes et amandes de mer), des anémones de mer, des algues et des éponges, des coraux et autres méduses, torpilles, crustacés (langoustes rouges, ciga-

1

les de mer, crabes, pagures) poulpes, seiches et même tortues de mer, une myriade de poissons des espèces les plus variées évoluent dans ces eaux : dorades, sargues, mérous, dentex, balistes, soles et mulets, mais aussi des poissons volants comme l'hirondelle de mer et même des requins comme l'émissole et la roussette. Sans oublier les nombreuses variétés de végétaux qui, à commencer par les algues, recréent l'habitat naturel indispensable à la vie sous-marine. A la sortie du parc, on tombe sur la Place della Repubblica, ornée en son centre d'un monument moderne dédié aux Quatre Journées de Naples et d'ici, en tournant à droite, on arrive sur l'élégante Riviera di Chiaia.

2

1) *Place Vittoria.*
2) *Villa Pignatelli.*
3) *Place de la République.*

Villa Pignatelli

Cette demeure fastueuse est le monument le plus important de la Riviera di Chiaia. Construite en style néoclassique par le napolitain Pietro Valente pendant la première moitié du XIXe siècle, elle fut rachetée par les princes d'Aragon Pignatelli Cortes vers la fin du siècle et devint ainsi l'un des principaux salons artistiques et littéraires de la ville. Aujourd'hui, elle appartient à l'Etat et abrite le Musée "Principe di Aragona Pignatelli Cortes". Au gré des différentes salles (on remarquera notamment la salle Bleue, le petit salon de la Musique et le hall

à véranda) la décoration originale (composée de précieux exemplaires du XIXe siècle, de miroirs et de meubles raffinés) met harmonieusement en valeur des tableaux des XVIIIe et XIXe siècles (nombreux portraits), de splendides porcelaines des principales manufactures européennes, des sculptures, des vases chinois et des meubles luxueux qui témoignent de la richesse et du bon goût des propriétaires du XIXe. Dans le magnifique jardin, où poussent de nombreuses espèces exotiques, un bâtiment accueille l'exposition du Musée des Carrosses, qui permet au visiteur de découvrir des exemplaires d'époque italiens, anglais et français.

3

Riviera di Chiaia

En plus de la Villa Pignatelli et de la Villa Communale, elle est bordée de palais élégants construits aux XVIIIe et XIXe siècles. Non loin de la Piazza della Repubblica, ne manquez pas de visiter l'église San Giuseppe a Chiaia (XVIIe siècle), dont l'intérieur est embelli par de nombreuses peintures. Juste un peu plus loin, la rue Santa Maria al Portico (à gauche) vous mènera jusqu'à l'église du même nom, qui date aussi du XVIIe, ornée de précieuses fresques de Luca Giordano.

Mergellina

La Via Mergellina part de la Piazza della Repubblica, continue jusqu'à la place dédiée au poète Iacopo Sannazzaro (1458-1530) et arrive en bordure de mer à hauteur de la baie de Mergellina, aux pieds de la colline de Posillipo. Le petit port Sannazzaro, toujours très prisé par les pêcheurs et les touristes, et la petite station du funiculaire pour Posillipo en font une des plus belles et non moins pittoresques localités de Naples. On y rencontre la petite église Santa Maria del Parto, faite construire par Sannazzaro. Elle abrite en son sein le monument funéraire de l'humaniste, réalisé en 1537 et orné de sculptures et de bas-reliefs. Le mélange d'objets sacrés et païens est une des caractéristiques insolites de la décoration picturale de cette église ; la composition figurant Abraham et les Anges à côté de Vénus et de Mercure et de l'Astronomie et des Arts du Trivium (philosophie, grammaire et réthorique) en est un parfait exemple.

Posillipo

Maintes fois célébrée en vertu de ses merveilleuses beautés naturelles, Posillipo se trouve à mi-chemin entre le golfe de Naples et celui de Pozzuoli. Elle est traversée par la Via Posillipo, bordée de splendides villas entourées de jardins luxuriants, de monuments (parmi lesquels la fontaine de Neptune - XVIIe - et l'autel votif dédié aux Morts pour la Patrie - commencé à la fin du XIXe siècle) et, surtout, offre une vue inoubliable sur la ville et le golfe (notamment sur le cap Posillipo). Au fond de la Via Posillipo, à hauteur du carrefour du cap, vous pouvez

1) Place Sannazzaro.
2) La "Finestrella" à Marechiaro.
3) Nisida : vue nocturne.

1

emprunter la petite rue Marechiaro pour descendre jusqu'au
bourg du même nom, situé sur
un site enviable, qui a conservé le
charme pittoresque des villages
de pêcheurs. Pour admirer le panorama le plus spectaculaire qu'il
soit, une fois arrivé au carrefour,
continuez jusqu'au Parc de Posillipo qui surmonte les deux golfes
à l'extrémité d'un promontoire.
Non loin de là, vous pouvez également découvrir les vestiges de
la Villa Pausilypon (littéralement
"qui plaque la douleur") datant de
l'époque romaine.

Nisida

Baptisée, à juste titre, Nesis (petite
île) par les anciens grecs, cette île
pratiquement arrondie de deux ki-
lomètres de périmètre environ est
en réalité un cratère volcanique.
On y arrive facilement en traversant le pont qui la relie à la terre
ferme à Coroglio, non loin du parc
de Posillipo. Partiellement recou-
verte de vignes, on peut encore
y visiter une grande construction
datant de la période angevine où
les Bourbons faisaient emprison-
ner les détenus politiques.

Fuorigrotta

Ce quartier se situe à l'entrée de la Galerie IV Giornate, creusée en 1940 sur un kilomètre de long environ sous la colline de Posillipo et qui, à l'autre extrémité, débouche non loin de la Tombe de Virgile (il s'agit en réalité d'un colombarium datant de l'époque d'Auguste). Cette zone densément peuplée et truffée de maisons modernes qui s'est développée entre 1950 et 1970, est disséminée de grandes artères que la planification urbaine de l'époque, pour éviter que le nouveau quartier ne prenne l'aspect de la classique "coulée de ciment", a essayé d'intégrer à l'environnement en y plantant bon nombre de plates-bandes et d'arbres. Le principal centre d'attraction du quartier est sans nul doute le stade San Paolo ; à l'occasion des grandes parties de football, cette grande infrastructure sportive inaugurée en décembre 1959 attire des milliers de spectateurs. Toutefois, au-delà de cette arène sportive, Fuorigrotta présente aussi un centre important, la Mostra d'Oltremare (Exposition d'Outremer), véritable quartier dans le quartier. Ce site (qui se développe aujourd'hui sur une surface de plus de 600.000 m²) fut créé en 1939-1940 pour illustrer les succès obtenus par

1

l'Italie fasciste dans ses colonies africaines ; au début des années Cinquante, au lendemain de la fin de la Seconde Guerre mondiale, pendant laquelle elle fut gravement endommagée, elle fut entièrement reconstruite en vue d'abriter des expositions, des salons spécialisés et des manifestations sportives et artistiques : au-delà de plus d'une vingtaine de pavillons d'exposition, on y trouve en effet des théâtres, une piscine olympique, des terrains de tennis, des serres botaniques et un grand terrain de jeu polyvalent.

1) *Ecole Polytechnique.*
2) *Stade San Paolo.*
3) *Hippodrome d'Agnano.*

41

Via Toledo

Cette rue, qui part de la Piazza Trieste e Trento, doit son nom au vice-roi Pedro di Toledo marquis de Villafranca, qui en ordonna la réalisation en 1536 en vue de créer un nouveau quartier noble dans cette partie de la ville : le projet fut couronné d'un ample succès et autour des élégants palais qui y furent rapidement construits nacquirent ensuite des quartiers populaires, dont il reste ce que l'on appelle aujourd'hui les quartiers Espagnols. Créés vers la moitié du XVIe siècle, tous les quartiers situés en amont de la rue figurent parmi les plus pittoresques et controversés de la ville, où les aspects typiques de la "philosophie du quotidien" napolitaine ont survécu au progrès et à l'urbanisation et ont conservé leur physionomie d'origine composée d'une trame dense de maisons. Après être passé devant l'entrée latérale de la Galerie Umberto I, tout près du Palais Berio (construit en 1772 par Luigi Vanvitelli) et la gare d'où part le funiculaire pour le Vomero, tournez à droite dans la Via Santa Brigida où se trouve l'église du même nom : édifié vers la moitié du XVIIe siècle, cet édifice abrite de précieuses peintures de Luca Giordano parmi lesquelles,

à l'intérieur de la coupole, l'Apothéose de Sainte Brigitte, véritable chef-d'oeuvre de la peinture en perspective. Plus loin, dans la Via Toledo, sur la droite, se dresse la façade en marbre majestueuse de l'imposant Palais du Banco di Napoli (1939), le premier institut de crédit fondé en Italie. Toujours sur le côté droit de la rue, derrière des palais somptueux s'étend le quartier Rione Carità, créé en 1950 à partir d'un projet d'urbanisme très controversé pour lequel il fallut démolir de nombreuses constructions anciennes au profit d'une zone en contraste total avec les quartiers alentours. A gauche de l'entrée de la Via Diaz où, dans l'angle, se dresse le Palais de la Banca Nazionale del Lavoro, se trouve l'église Santa Maria delle Grazie (XVIIe) remaniée au XIXe siècle ; une brève déviation dans cette direction permet de découvrir les églises Montecalvario (XVIe siècle, dont le splendide pavement en majolique fut rajouté à l'occasion des travaux de restauration réalisés au XIXe siècle) et Santa Maria della Concezione (XVIIIe siècle). En revenant dans la Via Toledo et après avoir traversé la Piazza della Carità et admiré la petite église du même nom (construite au XVIe siècle mais remaniée au début du XXe

1

2

siècle), on arrive devant une autre église, San Nicola, qui abrite un petit trésor de la peinture napolitaine du XVIIe, dont un certain nombre de belles oeuvres de Francesco Solimena. D'ici, en tournant à droite dans la Via Caravita, on arrive sur la Piazza Monteoliveto, où s'élève un des monuments les plus célèbres de ce quartier et de toute la ville, l'église Sant'Anna dei Lombardi.

Quasiment au bout de la Via Toledo, sur la droite, le Palais Maddaloni (1582) a su conserver un magnifique porche du XVIIe siècle et, à l'intérieur de ses somptueuses salles, des fresques du peintre napolitain Fedele Fischetti (XVIIIe siècle). Juste à la hauteur de ce palais, la Via Toledo croise un tronçon de "Spaccanapoli" (à gauche la Via Scura, à droite la Via Capitelli), la longue artère rectiligne très animée qui "coupe" symboliquement la ville en deux en la traversant d'est en ouest.

1-2) Eglise Sant'Anna dei Lombardi : Nef, Orgue et Sacristie.
3) Via Monteoliveto, Palais Gravina et fontaine.
4) Chapelle d'Avalos.
5) Guido Mazzoni - Sculpteur : "Déploration du Christ mort" (1492).

3

4

5

Eglise Sant'Anna dei Lombardi

Egalement connue sous le nom d'église Monteolivo, elle fut commencée en 1411, puis profondément remaniée au XVIIe siècle et restaurée après la Seconde Guerre mondiale suite aux graves dommages qui lui furent infligés par les bombardements. Son nom rappelle un fait historique : vers la moitié du XIXe siècle, elle fut en effet cédée, en même temps que le monastère qui lui était annexé, à la confrérie de Sant'Anna dei Lombardi, dont l'église avait été détruite par un tremblement de terre. Le couvent des Olivétains a longtemps joui des faveurs des Aragonais, qui contribuèrent largement à l'embellir (la décoration d'une salle fut confiée à Giorgio Vasari qui réalisa, tout comme dans l'église, de très belles fresques) et à l'enrichir en faisant don, entre autres, d'une précieuse bibliothèque de codes. Ce couvent qui, au départ, comprenait quatre cloîtres agrémentés de jardins et de fontaines, fut supprimé en 1799 et utilisé pendant quelque temps comme résidence privée subdivisée en plusieurs appartements. Après avoir traversé le hall, qui fait suite à une façade relati-vement sobre, on pénètre à l'inté-rieur, à une nef flanquée de cha-pelles latérales. Lorsqu'on lève les yeux au-dessus de l'entrée, elle aussi flanquée de deux autels décorés de sculptures du XVIe, on découvre un orgue grandiose (fin du XVIIe siècle) et, au-dessus encore, un magnifique plafond à caissons. La visite des chapel-les offre un panorama d'une rare beauté et richesse sur la sculpture de la Renaissance, à tel point que d'aucuns considèrent cette église comme un véritable musée. Dans la chapelle Correale, la deuxième à droite, on peut par exemple ad-mirer un autel réalisé par un des plus grands représentants de la sculpture du XVe siècle, le floren-

Eglise du Gesù et place homonyme.

Eglise du Gesù : détail.

tin Benedetto da Maiano, qui la décora d'un relief raffiné figurant l'Annonciation et des statues de Saint Jean Baptiste et Saint Jean Evangéliste ; le monument funéraire situé sur le mur de gauche (1489) est celui du fondateur de la chapelle, Marino Curiale. Dans les autres chapelles du côté droit, les oeuvres du XVe siècle côtoient des peintures du XVIe siècle réalisées par le napolitain Nicola Malinconico (fresques sur les voûtes) et Francesco Solimena. En suivant le petit couloir, après la cinquième chapelle, on entre à gauche dans la chapelle Orefice, ornée de précieux marbres colorés, à laquelle fait face l'oratoire du Saint Sépulcre, subdivisé en deux parties, qui abrite des monuments funéraires (XVe siècle). L'oeuvre la plus belle et la plus prisée de l'église se trouve au fond de la deuxième pièce : il s'agit du groupe de la Piété, une oeuvre du sculpteur modénois Guido Mazzoni ; à l'époque de leur réalisation, les huit statues en terre cuite qui la composent étaient polychromes mais, au XIXe siècle, on décida, croyant qu'il s'agissait d'une intervention successive, de les "nettoyer" et de les revernir de bronze. On entre ensuite dans la chapelle

de l'Assunta, agrémentée d'une fresque de Giorgio Vasari figurant un Moine Olivétain, puis dans la Nouvelle Sacristie (dont l'autel est orné d'une peinture du XVIIIe siècle), puis, en face, dans l'ancien réfectoire du monastère des moines olivétains, baptisé Vieille Sacristie ; la voûte du plafond est décorée d'une fresque réalisée elle aussi par Giorgio Vasari en 1544 représentant la Foi, la Religion et l'Eternité, alors que, sur les parois, on peut admirer des devantures de stalles décorées de marqueteries raffinées presque toutes réalisées par Fra Giovanni da Verona au début du XVIe siècle. Dans l'abside rectangulaire, dont l'arc est agrémenté de panneaux réalisés au XVIIe siècle, reposent d'autres sépulcres élégamment sculptés. D'ici, en passant par une petite pièce qui abrite une Piété du XVe, on arrive aux chapelles de gauche et, à commencer par la chapelle Tolosa, oeuvre de Giuliano da Maiano ; les pendentifs de la coupole sont enrichis de médaillons en terre cuite vitrifiée figurant les Evangélistes réalisés par des élèves des lombards de la Robbia. On remarquera notamment la première chapelle, à côté de l'entrée, et sa belle crèche d'Antonio Rossellino da Settignano qui date des années soixante-dix du XVe siècle, le monument funéraire de Marie d'Aragon, commencé par Rossellino et terminé par Benedetto da Maiano, et la fresque figurant l'Annonciation réalisée dans le style de Piero della Francesca.

Eglise du Gesù Nuovo

De Sant'Anna dei Lombardi (Piazza Monteoliveto), prenez, à droite de l'église, la calata Trinità Mag-

giore, qui débouche sur la Piazza del Gesù Nuovo, décorée en son centre de l'Aiguille de l'Immaculée et de la statue de la Vierge en cuivre doré, un monument baroque de la moitié du XVIIIe siècle. L'église du Gesù Nuovo, érigée à la fin du XVIe siècle, dresse sa façade en "piperno" (pierre grise que l'on retrouve sur de très nombreux monuments de la ville). Ce style de façade, insolite pour un édifice religieux, s'explique par le fait que l'église fut construite sur le site d'un palais du XVe siècle dont elle conserva la façade principale. L'intérieur majestueux, en style baroque, dont la décoration pris quarante ans, témoigne des travaux qui se sont succédés entre le XVIIe et le XIXe siècles, travaux nécessaires pour remédier aux dommages provoqués par un incendie et un tremblement de terre qui provoca l'écroulement de la coupole d'origine. En croix grecque, à trois nefs flanquées de chapelles latérales, l'église est entièrement décorée de marbres polychromes et de peintures précieuses. Parmi elles, on remarquera notamment les fresques de Francesco Solimena (auquel on doit aussi l'Héliodore chassé du Temple au-dessus du porche), les oeuvres de Luca Giordano, deux peintures de Ribera (pesamment restaurées aux environs de 1950) et la SS. Trinité et Saints, peut-être de Guercino (1615). A l'intérieur du grandiose presbytère, délimité par une balustrade en albâtre, agrémenté d'une voûte et, sur les murs, orné de belles fresques du XVIIe siècle, se dresse le maître-autel, un superbe monument du XIXe embelli de marbres, de décorations en bronze et pierres dures.

2

1-2) Eglise du Gesù : détail de l'intérieur.
3) La flèche de l'Immaculée.

3

Eglise et cloître de Santa Chiara

Construite sous l'égide de Sancia di Majorque, la femme de Robert d'Anjou, en 1310-1238, l'église fut réalisée en style gothico-provençal. Vers la moitié du siècle suivant, l'intérieur fut largement remanié en style baroque. La restauration qui succéda à l'incendie dévastateur provoqué par un bombardement qui, en 1943, détruisit presque entièrement l'église, lui a permis de retrouver sa forme et son aspect d'origine. Flanquée d'un imposant campanile (dont la structure de la partie inférieure est d'origine - XIVe siècle) et précédée d'un vestibule à trois arcades ogivales, la façade est ornée en son centre d'un splendide

portail en marbres polychromes embelli de frises sculptées. L'intérieur, à une seule nef rectangulaire flanquée de chapelles latérales, abrite de précieuses oeuvres d'art réalisées pour la plupart aux XIV-XVe siècles. Les neuf chapelles du côté gauche et les neuf autres du côté droit, éclairées par d'élégantes fenêtres jumelées et trilobées, abritent les monuments funéraires de nombreuses familles de la noblesse napolitaine, dont Santa Chiara fut toujours l'église privilégiée. Parmi les sépulcres les plus célébres de l'église figure celui de

Eglise Santa Chiara : Cloître en majolique et intérieur.

Marie de Valois, situé dans le presbytère, agrémenté de la statue couchée de Marie et d'autres figures réalisées par le grand sculpteur siennois Tino di Camaiano avant 1339. C'est toujours dans le choeur, derrière l'autel cette fois, que se trouve le bijou le plus précieux de l'église, à savoir le splendide monument sépulcral de Robert Ier d'Anjou. Réalisée entre 1343 (année de la mort du roi) et 1345 par les florentins Giovanni et Pacio Bertini, cette oeuvre est incomplète suite à l'écroulement d'une partie de la structure : ce qu'il en reste (en particulier le sarcophage du roi posé sur des piliers flanqués des statues des Vertus et des représentations du souverain et des membres de sa famille) permet toutefois d'imaginer l'immense valeur artistique que le monument devait avoir lorsqu'il était encore complet. En passant par le choeur, on arrive dans le cloître des Clarisses, réalisé au XIVe siècle et remanié en 1742 moyennant l'adjonction d'un magnifique jardin rustique traversé par deux allées, et la merveilleuse décoration en carreaux de majolique figurant, entre autres, des paysages et des scènes champêtres et mythologiques.

San Domenico Maggiore

Précédée par l'Aiguille de S. Dominique (1658-1737), cette église fut érigée en style gothique sous l'égide de Charles II d'Anjou entre 1283 et 1324 à l'endroit qu'occupait autrefois une église romane. A partir du XVe siècle et jusqu'à la première moitié du XVIIIe, elle subit de nombreux remaniements qui portèrent atteinte à ses lignes d'origine. Même résultat pour les restaurations successives effectuées au XIXe siècle. L'intérieur, qui affiche des proportions imposantes, est en croix latine à trois nefs ; les deux latérales sont flanquées de chapelles décorées de fresques et de splendides monuments funéraires. On remarquera,

à droite, le Cappellone del Crocifisso, qui abrite le crucifix miraculeux qui, au XIIIe siècle, parla à Saint Thomas d'Aquin (qui vécut dans le couvent adjacent). Dans la sacristie, dont la voûte est agrémentée d'une fresque grandiose de Francesco Solimena, reposent les sépulcres de nombreux princes aragonais. La vieille église, toujours à droite, abrite le plus vieux portrait connu de Saint Dominique (début du XIIIe siècle).

Chapelle San Severo

Ancienne chapelle funéraire de la famille Sangro, elle fut construite à la fin du XVIe siècle puis remaniée et embellie aux XVIIe et XVIIIe siècles. A l'origine, elle était reliée au Palais Sangro, situé non loin de là, par un passage supérieur qui fut détruit en 1889. L'intérieur est digne d'intérêt, ne serait-ce qu'en vertu des sépulcres raffinés qui y reposent, et surtout, des fresques de la voûte, réalisés vers la moitié du XVIIIe siècle par le peintre napolitain Francesco Maria Russo. Parmi les nombreuses sculptures dignes d'être signalées, citons le splendide Christ voilé de Giuseppe Sammartino (1753).

Eglise San Domenico Maggiore : façade et intérieur.

51

Piazzetta Nilo

Cette petite place, à laquelle conduit, de la Chapelle Sanse-vero, la Via Nilo, doit son nom, comme le quartier dans lequel elle se trouve, à la présence de la statue du Nil gisant. Réalisé au début de l'époque de l'empire romain, ce groupe fut endommagé (la tête de la figure du Nil a été mutilée) avant le XIIIe siècle, puis enterré ; il faudra attendre la seconde moitié du XVIIe siècle pour qu'il soit restauré, que l'on rajoute la tête du Nil et qu'il assume sa position actuelle.

Sur la place se dresse l'église Sant'Angelo a Nilo (édifiée en 1358), également connue sous le nom de Chapelle Brancaccio en raison du splendide monument sépulcral (sur le côté droit du maître-autel) du cardinal Rinaldo Brancaccio, son fondateur, mort en 1423. Cette oeuvre, réalisée à Pise entre 1426 et 1428, mit à contribution plusieurs grands artistes de l'époque : Donatello (auteur, entre autres, du merveilleux bas-relief de l'Assomption sur le devant du monument), Michelozzo et Pagno di Lapo Portigliani. En plus d'autres sépulcres, la chapelle abrite, dans la sacristie, une belle icône sur fond doré du début du XVIe siècle figurant les Saints Michel et André, et de précieuses armoires marquetées du XVe siècle.

1) Eglise Santa Maria delle Anime del Purgatorio : détail.
2) Statue du Nil.
3) Via San Biagio dei Librai : boutiques d'antiquaires.

1

Via San Biagio dei Librai

De S. Angelo a Nilo, continuons notre promenade dans la rue S. Biagio dei Librai, une des rues les plus pittoresques et les plus animées de la vieille ville, disséminée de boutiques caractéristiques où l'on trouve des produits artisanaux typiques et des objets de toutes sortes dans un "désordre" qui les rend encore plus pittoresques. Tout au long de cette rue se dressent de nombreux palais magnifiques, au milieu desquels on remarquera la façade Renaissance du Palais Carafa Santangelo (moitié du XVe siècle). Non loin de là, sur la droite, le grandiose Palais du Monte di Pietà est célè-

bre en raison de la Chapelle de la Piété attenante, dont la sacristie du XVIIIe est encore un des plus beaux exemples de l'art napolitain de l'époque.

1-2) Via San Biagio dei Librai : boutiques d'antiquaires.
3) Vue partielle de la Via San Biagio dei Librai.

San Gregorio Armeno

En tournant à gauche dans la Via San Gregorio Armeno (célèbre pour ses nombreuses boutiques artisanales de statues de saints et de statuettes, aux côtés desquelles on trouve aussi d'autres objets de la vie quotidienne et contemporaine), on tombe sur la très ancienne église du même nom (construite avant le Xe siècle) et son monastère, véritable bijou de l'architecture baroque napolitaine.

1) San Gregorio Armeno.
2-3) Crèches et bergers.

3

Cathédrale

Construite sous l'égide de Charles II d'Anjou à la fin du XIIIe siècle et inaugurée en 1315 en présence de Robert d'Anjou et de son épouse Sancia de Majorque, la cathédrale, consacrée à Saint Gennaro, s'élève à l'endroit autrefois occupé par la cathédrale Stefania (baptisée ainsi en raison du nom de l'évêque Stephane Ier, qui la fonda au Ve siècle) attenante à la basilique Santa Restituita, la plus ancienne de la ville (IVe siècle). Ses formes gothiques d'origine furent ensuite restaurées et plusieurs fois modifiées à partir de la seconde moitié du XVe siècle, et ce jusqu'au début du XXe siècle. La façade, notamment, est le fruit d'une restauration réalisée à cheval entre le XIXe et le XXe siècles sur la reconstruction effectuée au XVe siècle suite au tremblement de terre de 1349. Les trois portails, réalisés au début du XVe siècle, appartiennent encore à la structure d'origine : celui du centre est le plus remarquable ; il est orné de sculptures élégantes réalisées, entre autres, par Tino di Camaino et des élèves de Nicola Pisano. L'intérieur solennel, aux proportions grandioses, est en forme de croix latine subdivisée en trois nefs de seize piliers encadrant plus de cent colonnes antiques en marbre sur lesquelles reposent des arcs ogivaux très élégants. La nef centrale, décorée de splendides fresques de Luca Giordano sur les murs, est surmontée d'un plafond en bois du XVIIe enrichi de gravures et de dorures. Sous le second arc de gauche, les fonts baptismaux méritent qu'on s'y attarde, surtout en vertu de la cuvette, sur laquelle repose la partie supérieure (XVIIe) en marbre et bronze, ornée sur la surface en basalte de curieux masques bachiques. C'est sur le côté droit, flanquée des statues de Saint Paul et Saint Pierre et délimitée par un portail en bronze, que se situe en revanche la grande chapelle de San Gennaro, construite pendant la première moitié du XVIIe siècle en hommage au saint qui, invoqué par la population, libéra la ville de la peste en 1527. Les fioles contenant le sang du saint qui, deux fois par an, en mai et en septembre, se liquéfie, perpétuant en cela un miracle dont les origines remontent, si l'on en croit la légende, à l'époque de l'empereur Constantin, se trouvent sur le mur du fond. A l'occasion de ces événements miraculeux, jugés de bon auspice pour le sort de la ville, des centaines de napolitains se réunissent dans le Dôme pour prier le saint. Après les autres chapelles de la nef de droite, on pénètre dans le transept dans lequel, sur les parois, se poursuivent la série de fresques de la nef centrale de Luca Giordano représentant les saints. On remarquera notamment, dans la troisième chapelle à droite, une Assomption peinte par le Perugino et ses élèves. La Chapelle Minutolo (la deuxième à droite de l'abside) avec son splendide sol en mosaïque du XIIIe, ses murs ornés de magnifiques fresques des XIVe, XVe et XVIe siècles et ses monuments sépulcraux a conservé pratiquement intacte, tout comme la Chapelle Tocco qui vient après, sa structure architecturale d'origine (XIVe). L'abside, dont la voûte et les murs sont agrémentés de fresques, date quant à elle du XVIIIe siècle. L'entrée du presbytère est flanquée de deux escaliers qui conduisent à la Chapelle Carafa, ou Succorpo (1497-1506) située à l'étage inférieur, où est conservée dans une urne la dépouille de San Gennaro. Au-delà des jolies chapelles situées à gauche de l'abside et du transept (c'est dans l'une d'entre elles que se trouve le monument funèbre d'André de Hongrie, dont le meurtre avait été commandité par sa femme, la reine Jeanne Ire) et des trois premières chapelles de la nef de gauche, on pénètre dans la Chapelle Brancaccio, oeuvre élégantissime réalisée au XVIe siècle par le toscan Giovanni Antonio Dosio, couronnée par une coupole elliptique. Vient ensuite la chapelle Santa Restituita, l'anciennne basilique incorporée à la cathédrale. A l'intérieur, où une partie de la struc-

ture gothique d'origine est encore visible en dépit des remaniements et des stucs qui ont été rajoutés par la suite, on peut admirer, outre des éléments de l'époque romaine, de précieuses oeuvres d'art, dont la merveilleuse mosaïque du XIVe siècle de la Madone à l'Enfant entre San Gennaro et Santa Restituita de Lello da Orvieto, et deux blocs de marbre sculptés figurant les Histoires des saints du début du XIIIe siècle. A l'extrémité droite de la chapelle, le Baptistère est surmonté d'une coupole sur laquelle on peut encore voir des vestiges d'une mosaïque datant de l'époque de sa fondation (Ve siècle).

1) La flèche baroque de l'église San Gennaro, avec la Cathédrale en toile de fond.
2) L'Archevêque de Naples montrant le sang de Saint Janvier (San Gennaro).

Piazza Bellini et anciens remparts grecs

Encerclé d'une petite aire de verdure, se dresse le monument à Vincenzo Bellini, érigé en 1886 par le sculpteur campanien Alfonso Balzico : le piédestal est orné des figures (situées dans des niches) des principales protagonistes des oeuvres de ce grand compositeur : la Somnambule, la Norma, Juliette et Elvire. Non loin de là, on peut encore voir quelques vestiges du tracé de l'ancien mur d'enceinte grec : les gros blocs de tuf, autrefois empilés en rang de la même hauteur et de la même épaisseur selon la typologie de la structure dite isodome, datent du IVe siècle avant J.-C., époque à laquelle, à côté de Paleopolis (ou Partenope) nacquit Neapolis. Le théâtre situé non loin de là porte également le nom de Vincenzo Bellini ; il fut construit selon les plans de l'architecte napolitain Carlo Sorgente pendant la seconde moitié du XIXe siècle.

De la place Bellini, on peut continuer le long de la Via Port'Alba, très animée, bordée de nombreuses librairies, antiquaires pour certaines, qui figurent parmi les plus renommées de Naples : la librairie "Guida", une des plus intéressantes, a été classée bien culturel de l'Etat.

La rue se termine par l'arc de la Port'Alba, érigé en 1625 mais refait à la fin du XVIIIe siècle : la porte, surmontée de la statue de San Gaetano, s'élève à hauteur de l'extrémité droite du grandiose hémicycle réalisé par Luigi Vanvitelli entre 1757 et 1765 sur la place Dante. Cette oeuvre, d'ordre dorico-roman, ornée de statues figurant les Vertus, fut érigée en l'honneur de Charles III.

Piazza Bellini et remparts grecs.

San Pietro a Majella

Cette église, originaire des XIIIe-XIVe siècles, fut agrandie et considérablement remaniée entre la fin du XVe et le début du XVIe siècles moyennant l'avancement considérable de la façade par rapport à la flèche du campanile ; par la suite, son architecture sobre a subi d'autres modifications, et ce jusqu'à la première moitié du XIXe siècle ; une nouvelle restauration lui a rendu son aspect d'origine. Des trois nefs de l'intérieur, celle du centre est couverte d'un splendide plafond (qui continue dans le transept) embelli de toiles précieuses du XVIIe figurant des épisodes des vies de S. Célestin et Ste Catherine d'Alexandrie : parmi elles, la plus remarquable est sans nul doute celle qui fut réalisée entre 1656 et 1661 par Mattia Preti et qui représente la vie des deux saints. De belles toiles peintes aux XVIIe et XVIIIe siècles agrémentent également les chapelles des nefs latérales, alors que les murs du transept et des chapelles absidales témoignent encore de la décoration d'origine : un Crucifix en bois du XIVe, des fresques figurant la Vie de S. Martin et de Madeleine, un pavement élégant en majolique du XVe siècle et une Déposition de Giovanni da Nola (XVIe).

Croce di Lucca

A côté de l'église San Pietro a Maiella, on tombe sur la petite Piazza Luigi Miraglia, sur laquelle veille l'église de la Croce di Lucca. Construite pendant la première moitié du XVIIe siècle, elle faisait partie du couvent du même nom à la place duquel se dresse aujourd'hui le bâtiment de l'institut Polytechnique Unversitaire. L'intérieur est remarquable, notamment en vertu du beau plafond à caissons du XVIIe et de l'ornementation en marbres

colorés. L'Annonciation conservée dans la seconde chapelle de droite est l'oeuvre de Nicola Malinconico.

Chapelle Pontano

Sur la Via dei Tribunali, à gauche, on peut visiter la Chapelle Pontano (1492), un des plus beaux exemples de la Renaissance napolitaine. Cet édifice, agrémenté à l'intérieur d'un merveilleux pavement en majolique représentant des êtres humains, des animaux et des végétaux, fut probablement réalisé sur ordre du célèbre humaniste Giovanni Pontano qui, à l'époque, était secrétaire de Ferdinand Ier d'Aragon, en l'honneur de sa femme et de ses fils disparus.

Via dei Tribunali

Tracée sur le parcours de l'ancien decumanus romain (axe routier qui traversait la ville d'Est en Ouest) cette artère très animée, qui continue en ligne droite jusqu'au Castel Capuano, est flanquée de quelques unes des églises les plus importantes de la ville. A hauteur de la petite Place San Gaetano (qui, comme la Place dei Gerolomini qui lui succède, s'élève sur le site de l'ancien Forum romain), précédée par un majestueux escalier, se dresse l'égli-

se San Paolo Maggiore, conçue à la fin du XVIe siècle par l'architecte baroque Francesco Grimaldi. Elle a été construite sur les ruines d'une église du IXe siècle, elle-même édifiée à la place d'un temple dédié aux Dioscures datant de l'époque romaine. Quelques vestiges de ces deux édifices sont d'ailleurs encore visibles. Très grand et richement aménagé, l'intérieur de San Paolo Maggiore est décoré de peintures (celles de Massimo Stanzione, Paolo de Matteis et Francesco Solimena méritent notamment qu'on s'y attarde), de statues, de stucs et de marbres. En face s'élève une autre église d'une valeur artistique exceptionnelle : San Lorenzo Maggiore. Construite entre la fin du XIIIe et le début du XIVe siècle avec le concours d'architectes français et napolitains, elle a été en partie remaniée aux XVIIe et XVIIIe siècles dans un style baroque lourd dont elle a été débarrassée durant de récents travaux de restauration. Splendide, l'intérieur gothique abrite, entre autres, les tombeaux (XIVe siècle) de Catherine d'Autriche et Robert d'Artois. Des fouilles effectuées dans les sous-sols de l'église et du couvent voisin ont permis de retrouver de précieux vestiges de l'époque gréco-romaine. Plus loin, près du croisement avec la Via Duomo, l'église des Gerolomini se dresse aux côtés de la Pinacothèque du même nom, très riche en témoignages artistiques de grande valeur.

Santa Maria Maggiore

Située tout de suite à droite de la Chapelle Pontano, elle fut construite en style baroque à partir des plans de l'architecte bergamasque Cosimo Fanzago, entre 1653 et 1667. Son gracieux campanile romain en flèche, qui date des XI-XIIe siècles, appartenait à une basilique préexistante érigée dans la première moitié du VIe siècle, sur les fondations de laquelle on édifia ensuite l'église actuelle.

1-3) Eglise della Croce di Lucca.
2) Chapelle Pontano.

San Giovanni a Carbonara

De la Via dei Tribunali, en tournant à gauche dans la Via Duomo et en passant devant l'église Santa Maria Donnaregina (qui est peut-être l'église gothique la plus remarquable de la ville en vertu de ses splendides fresques et de ses monuments sépulcraux du XIVe, parmi lesquels, dans l'abside, celui de la reine Marie de Hongrie réalisé par Tino di Camaino) on arrive dans la Via Settembrini. En la remontant sur la droite, on tombe sur la Via San Giovanni a Carbonara, au fond de laquelle un escalier majestueux conduit jusqu'à l'église du même nom. Tout comme celle du couvent situé tout près de là, sa construction s'échelonna sur un demi-siècle, de la moitié du XIVe jusqu'au début du XVe. Le beau portail (XVe) du côté droit donne accès à une nef rectangulaire, qui abrite quelques unes des plus belles sculptures de Naples.

Le splendide monument funèbre du roi Stanislas, frère de Jeanne II, date du XVe siècle ; il est posé sur quatre gigantesques Vertus et orné de statues (Marco et Andrea da Firenze) et de peintures (Leonardo da Besozzo) ; le sépulcre inachevé de Gianni Caracciolo, enrichi d'une inscription de Lorenzo Valla et des sculptures d'Andrea da Firenze, date de la même époque. Signalons également un autre monument d'un grand intérêt, celui des Miroballo, terminé au XVIe siècle, agrémenté lui aussi de précieuses sculptures.

Santa Caterina a Formiello

En redescendant dans la Via San Giovanni a Carbonara et en continuant en direction de la gare de chemin de fer, on arrive sur la Piazza Enrico De Nicola sur laquelle, juste à gauche de la Porte Capuana, se dresse la splendide église Santa Caterina a Formiello, édifiée au XVIe siècle (peut-être d'après un projet de Francesco di Giorgio Martini) dans un beau style Renaissance. L'intérieur en croix latine abrite, à côté de précieuses peintures du XVIIIe siècle de Paolo de Matteis, de nombreuses oeuvres qui datent de l'époque de la fondation de l'église ou du début du siècle suivant.

Porte Capuana

Située juste à droite de l'église Santa Caterina a Formiello, la belle Porte Capuana a été construite sur le site d'une ancienne porte (déplacée plus loin) en 1484. Conçue par le florentin Giuliano da Maiano à l'image des Arcs de Triomphe, la structure a été réalisée à la demande de Ferdinand Ier d'Aragon. Elle est flanquée de deux puissants donjons cylindriques qui symbolisent l'Honneur et la Vertu, et présente, sur la partie externe, un beau revêtement en marbre blanc. Ce monument porte le nom du Castel Capuano, érigé tout près de là dans la seconde moitié du XIe siècle qui, pendant une certaine période, servit de résidence royale. L'édifice fit l'objet de plusieurs travaux d'agrandissement et autres remaniements, à commencer par ceux effectués à la demande de Frédéric II de Souabe, jusqu'à ceux menés en 1540 qui le transformèrent en siège des Tribunaux. Son aspect actuel est le fruit des modifications apportées vers la moitié du XIXe siècle et au XXe siècle.

1) Eglise Santa Maria Maggiore : Intérieur.
2) Eglise San Giovanni a Carbonara.
3) Eglise Santa Caterina a Formiello.

3

Musée Archéologique National

Installé dans un grand bâtiment datant de la fin du XVIe siècle, ce musée est né et s'est développé à partir des collections de la famille Farnese, léguées en héritage à Charles de Bourbon par sa mère Elisabeth Farnese. En vertu des vestiges retrouvés à Herculanum, Pompéi, Cumes et autres localités où furent effectuées des fouilles, de la collection Borgia de précieux objets égyptiens et de nombreuses oeuvres achetées ou données, cette institution regroupe une des collections d'antiquités classiques les plus riches et les plus importantes du monde. Les oeuvres qu'on peut y admirer ont toutes une valeur inestimable, des sculptures aux peintures, des mosaïques (retrouvées pour la plupart, comme les fresques, à Herculanum et à Pompéi) aux objets retrouvés dans la Villa des Papyrus d'Herculanum, des terres cuites aux ivoires, des bijoux aux bronzes, des vestiges préhistoriques aux monnaies anciennes de la collection Santangelo. Il s'agit-là d'un assortiment tellement vaste qu'on ne peut citer que quelques unes des pièces les plus célèbres, et laisser au visiteur la joie de découvrir lui même la plupart des trésors qu'abrite ce musée. Parmi les sculptures en marbre figurent notamment de véritables chefs-d'oeuvre comme les tyranniques Armodeo et Aristogitone, copie romaine de l'original en bronze du IVe siècle avant J.-C. ; la majestueuse Athéna Farnese, copie d'un original grec peut-être de Fidia réalisée à l'époque de la Rome impériale ; l'émouvant relief en marbre d'Orphée et Euridice avec le dieu Hermès ; la splendide copie du célèbre Doriphore de Polyclète, retrouvée à Pompéi à la fin du XVIIIe siècle ; l'harmonieux Ephèbe porteur d'une lampe, réplique d'un original réalisé au IVe siècle avant J.-C., retrouvée elle aussi à Pompéi, dans la rue dell'Abbondanza (1925) ; l'Amazone morte, une des copies des groupes célébratifs que le roi Attalos fit faire au IIe siècle avant J.-C. à Pergame ; la séduisante Vénus Callipyge, copie romaine d'un original grec qui ornait la Domus Aurea néronienne à Rome, la Vénus décapitée de Snuessa ; le puissant Hercule Farnese, copie d'un original en bronze de Lisippo ; le groupe du Taureau Farnese (le plus grand qui nous ait été légué par nos ancêtres), d'un dynamisme exceptionnel, réalisé aux II-IIIe siècles avant J.-C. à partir d'un original grec en bronze. Dans la collection de mosaïques, presque toutes retrouvées à Pompéi, la plus fameuse est sans nul doute celle de la Bataille d'Alexandre contre Dario, réalisée à Alexandrie en Egypte ; immense, elle ornait le sol d'une des salles de la Maison du Faune de Pompéi, où elle fut découverte en 1831.

1) Musée Archéologique : façade.
2) Hercule Farnese. 3) Eros Farnese.
4) Le Printemps : fresque.

2

3

4

5

1) Portrait de femme.
2) Cratère de Myson.
3) Hydrie Vivenzio.
4) Céramiques.
5) Bijoux et objets en argent
retrouvés lors des fouilles
d' Ercolanum et de Pompéi.
6) Silène Ivre.

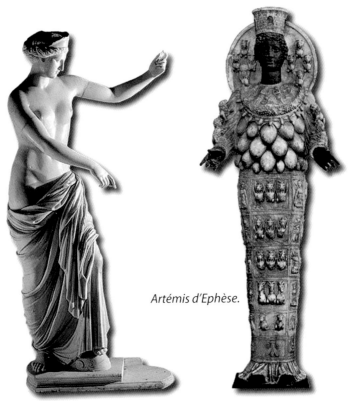

Artémis d'Ephèse.

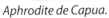

Aphrodite de Capua.

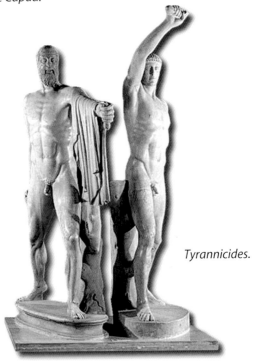

Tyrannicides.

Sarcophage de Pozzuoli.

Auguste.

1) *Cratère de Pronomos.*
2) *Mosaïque d'Alexandre.*
3) *Le Taureau Farnese.*

3

Persée et Andromède.

Concert champêtre.

Catacombes

Creusées à Capodimonte, sur la colline de tuf jaune des Colli Aminei, elles se développent sur deux niveaux souterrains à travers d'amples galeries décorées de précieuses peintures et des mosaïques réalisées entre le IIIe et le Xe siècle.

Le noyau d'origine des catacombes était une tombe nobiliaire de la fin du IIe siècle (l'actuel vestibule inférieur) donnée à la première communauté chrétienne de la ville. Ornée de simples motifs géométriques, floraux et zoomorphes, elle fut flanquée, au IVe siècle, d'une basilique dont l'autel et la chaire épiscopale creusée dans la paroi de tuf sont remarquables. Au Ve siècle, on y transféra la dépouille du martyr San Gennaro, décapité à Pozzuoli en 305 ; à partir de là, les catacombes prirent leur nom actuel et furent considérablement agrandies : on creusa de longues galeries rythmées par des arcosolia (grandes niches surmontées d'un arc), des cubicula (petites pièces servant de tombes à une famille entière) et des niches superposées.

Au-delà de la grande basilique

1) Catacombes de San Gennaro.
2) Mosaïque retrouvée dans les catacombes de San Gennaro.

souterraine du niveau supérieur, unique dans son genre, les catacombes de Naples abritent bien d'autres trésors, comme les ves-

Palais Royal de Capodimonte et parc. Siège du Musée et de la Galerie de Capodimonte.

tibules inférieur et supérieur (ce dernier étant décoré de précieux cycles picturaux), la basilique des évêques napolitains et, juste en dessous, la tombe de San Gennaro (lieu de culte chers aux napolitains), les tombes des évêques dont les lunettes des arcosolia sont ornées de splendides mosaïques les représentant (on remarquera notamment celle dans l'arcosolium de droite figurant l'évêque de Carthage Saint Quadvutedeus), les cubicula dont les entrées sont décorées de petites colonnes sculptées et les nombreux arcosolia ornés de très belles fresques.

Musée et Galerie Nationale de Capodimonte

Les collections sont exposées dans le Palais Royal de Capodimonte, construit sous l'égide de Charles de Bourbon en 1738. Entouré d'un grand parc boisé et de jardins à l'anglaise, cet édifice majestueux ne fut terminé qu'en 1838 et, dans la première moitié du XXe siècle, fut restructuré afin de se montrer à la hauteur de son rôle et pouvoir accueillir dignement son contenu inestimable. En plus de la Galerie Nationale et autres collections mineures, cette institution englobe la Galerie du XIXe, l'Appartement royal, les Collections de porcelaines et de céramiques, l'Armerie et le Petit Salon de Porcelaine. La Galerie Nationale s'est développée autour des chefs-d'oeuvre que la famille Farnese a légué en héritage à Charles de Bourbon en 1731 et, au fil des années, s'est enrichie de nombreuses autres oeuvres provenant de rachat de collections et de donations, ou encore prélevées dans des églises. La collection de peintures, particulièrement riche, s'ouvre sur sept précieuses tapisseries figurant des Episodes de la Bataille de Pavie réalisées à partir

de cartons de Bernart von Orley par la manufacture de Bruxelles en 1525-1531. Les salles qui se succèdent abritent des milliers de chefs-d'oeuvre dont il est impossible de se souvenir en détail. A côté du retable majestueux de Simone Martini représentant Saint Ludovic de Toulouse, peint en 1317 par l'artiste siennois pour célébrer le couronnement de Robert d'Anjou en tant que roi de Naples, on peut admirer une Crucifixion réalisée par Masaccio en 1426-1427 qui fait partie d'un précieux polyptique démantelé ; une Madone à l'Enfant entourée d'Anges de Botticelli précède le célèbre Portrait de Luca Pacioli, oeuvre anonyme de 1495. Dans les salles consacrées à la peinture des XVe et XVIe siècles, la Famille Sacrée avec San Giovannino et deux Portraits de Clément VII du vénitien Sebastiano del Piombo occupent une place de tout premier ordre, alors que l'émilien Correggio est ici représenté par un nombre d'oeuvres assez important, parmi lesquelles la célèbre Zingarella. Après la Lucrèce du Parmigiano, la stupéfiante Transfiguration de

1) Porcelaine : service de l'Oie.
2) Service de l'Oie : détail.
3) Détail de la Salle des Fêtes.
4) Jardinière du XVIIIe siècle.

Transfiguration de Giovanni Bellini.

Côte Amalfitaine du Géant.

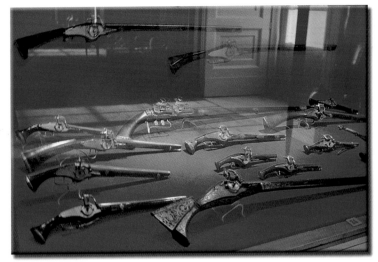

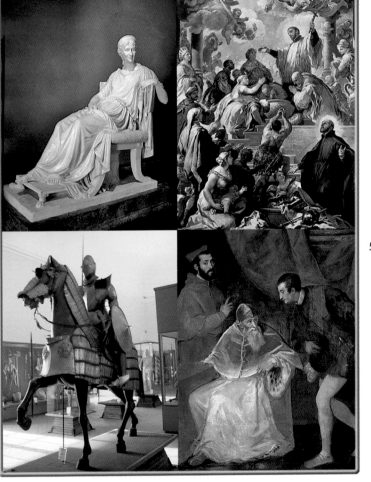

Giovanni Bellini divise la salle des chefs-d'oeuvre de Lorenzo Lotto, Palma il Vecchio, El Greco et autres grands artistes. Du Titien, que la famille Farnese admirait au plus haut point, on peut admirer, entre autres, trois portraits du Pape Paul III, un du Cardinal Alexandre Farnese (1543) et une délicate Danae (1545). Pieter Brueghel et La parabole des Aveugles (1568), et Joos van Cleve sont les dignes représentants des peintres flamands. Enfin, pour donner une idée de l'intérêt que présentent les autres salles, il suffit de citer les noms des plus grands artistes qui y figurent : Raphaël, Michel-Ange, Caravaggio, Rembrandt, Guido Reni, Luca Giordano et des peintres napolitains de l'envergure de Gaspare Traversi. La Galerie du XIXe, très riche, offre un panorama d'une rare ampleur sur la peinture italienne (et notamment napolitaine) et étrangère de l'époque, alors que la Collection de porcelaines et de céramiques, composée de trois mille pièces, illustre à merveille le faste et le raffinement des résidences (et des cuisines) de la noblesse des XVIIIe et XIXe siècles, dont témoigne également le Petit Salon

de la reine Marie Amélie, entièrement décoré en style rococo de plus de trois mille objets de la plus fine porcelaine.

1) Salle d'armes.
2) Canova : Letizia Bonaparte.
3) Luca Giordano : San Francesco Saverio baptisant ses petits-enfants et San Francesco Borgia.
4) Salle d'armes des Bourbons, armure.
5) Titien : Paolo Farnese et ses petits-enfants.
6) Porcelaine : Groupe Equestre appartenant à la collection de l'Oie.
7) Salle des Fêtes.

7

Crucifixion de Masaccio.

Vomero

Du Musée d'Archéologie, en prenant la Via Salvator Rosa, on rencontre, sur la gauche, l'Hôpital de Jésus et Marie (et l'église du même nom fondée au XVIe siècle) puis la Piazza Mazzini et, non loin de la, l'église Santa Maria della Pazienza (XVIIe). En continuant le long de la Via della Cerra et de la Via San Gennaro ad Antignano et en tournant à gauche sur la Piazza degli Artisti, on tombe dans la Via Luca Giordano et encore à gauche dans la Via Alessandro Scarlatti, qui traverse le Vomero sur toute sa longueur. Ce quartier, né à la fin du XIXe siècle comme quartier résidentiel de la bourgeoisie napolitaine, a subi, dans les années Cinquante et Soixante, de profondes transformations qui en ont fait un des quartiers les plus désordonnés et chaotique de la ville. Les beaux immeubles de la belle époque ont petit à petit été remplacés par des tours gigantesques adossées les unes aux autres, sans que l'essor vertigineux de la densité de population ne s'accompagne d'aucuns travaux d'urbanisme appropriés, notamment pour ce qui concerne le réseau routier (en dépit de la création de nouvelles artères à la périphérie) ; résultat : le Vomero est un quartier peu agréable, congestionné par un trafic épouvantable. Relié

1) Parc de la Villa Floridiana.
2) Musée de la Villa Floridiana.

aux quartiers inférieurs de la ville par trois lignes de funiculaire, le Vomero a toutefois su conserver intacts quelques uns des principaux monuments de la ville : le Castel Sant'Elmo, la Chartreuse San Martino et la Villa Floridiana, entourée d'un parc merveilleux.

Villa Floridiana

Cette villa, située non loin de la station Chiaia du funiculaire qui relie le Vomero à l'avenue Vittorio Emanuele, doit son nom à Lucia Migliaccio Partanna, duchesse de Floridia, en l'honneur de qui elle

fut construite entre 1817 et 1819. La décision de construire cette splendide résidence fut prise pour des "raisons de convenance" par Ferdinand Ier de Bourbon qui, en 1814, avait épousé la duchesse en seconde noces : en tant qu'épouse morganatique du souverain, cette dernière n'avait toutefois pas été investie du titre de reine et ne pouvait donc pas habiter dans le palais royal des Bourbons. Pour respecter le protocole, Ferdinand Ier acheta alors sur la colline du Vomero le vaste terrain sur lequel s'élèvait déjà une luxueuse villa qui devint la résidence d'été de la duchesse. Les travaux d'agrandissement et de transformation du site furent confiés à l'architecte toscan Antonio Niccolini, qui fut également l'artisan des modifications apportées au Palais Partanna de la Piazza dei Martiri, une autre résidence dont Ferdinand fit don à sa seconde épouse. L'aménagement du grand parc, qui descend doucement vers la mer, fit l'objet d'une attention particulière : planté d'arbres de haut fût - chênes verts, platanes et cèdres - ce parc alterne une succession soigneusement étudiée et très scénographique de gazons et de petits bois ombragés, de jardins à l'anglaise qui, au printemps, se couvrent de splendides floraisons de camélias, et de pentes escarpées, de grandes allées, de clairières théâtrales et de petits sentiers le long desquels on a une vue magnifique sur la ville, le golfe et même l'île de Capri, située non loin de là, sans compter les petits temples et les "folies", ces imitations pittoresques de ruines que l'on retrouve très souvent dans l'architecture des parcs à l'anglaise. Le bâtiment principal, qui apparaît dans toute sa splendeur en toile de fond d'une vaste étendue de gazon au bout de la grande allée principale (partiellement modifié par rapport au plan de Niccolini à la fin du XIXe siècle), est une résidence élégante en style néoclassique dont l'architecture rappelle les fastueuses villas de Pompéi. Endommagé pendant la Seconde Guerre mondiale, cet édifice, qui appartient actuellement à l'Etat, fut soigneusement restauré en vue, notamment, d'offrir un siège plus approprié au Musée National de la Céramique Duca di Martina, une des plus riches collections entièrement consacrées aux arts décoratifs, qu'il accueille depuis 1927. C'est à la passion de collectionneur de Placido de Sangro, duc de Martina, que l'on doit ce musée ; pendant la seconde moitié du XIXe siècle, ce dernier rassembla de nombreux exemplaires de porcelaines et de majoliques italiennes, européennes et orientales, ainsi que des objets en verre, en corail, en ivoire et autres matériaux traditionnellement utilisés dans les arts décoratifs mineurs, assez en vogue à l'époque ; son neveu, le comte de Marzi pris ensuite la relève, avant que la collection ne soit cédée à l'Etat au début du XXe siècle. Le musée s'est encore enrichi en 1978, date à laquelle Richard de Sangro, héritier de la famille du duc de Martina, a légué en héritage au musée une collection importante (plus de cinquante pièces) d'autres porcelaines et majoliques achetées par son ancêtre au XIXe siècle ainsi que des meubles précieux. La visite commence au rez-de-chaussée de la villa, qui s'ouvre sur un grand hall où sont exposés les portraits de Ferdinand Ier de Bourbon, oeuvre d'un peintre inconnu du XIXe, et de la duchesse de Floridia, probablement réalisé par Vincenzo Camuccini. Au gré des salles, on peut admirer la collection de majoliques et notamment des pièces hispano-mauresques de Malaga et Valencia tout simplement splendides, des céramiques italiennes décorées du XVIe siècle réalisées par les artisans de Deruta, Gubbio, Faenza, Urbin, Cafaggiolo et Palerme, de précieux exemplaires du XVIIe siècle des manufactures vénitiennes et abruzzaines. Le rez-de-chaussée accueille également des petits coffrets et des écrins en bois gravé ou serti de pierres dures italiens, arabes et byzantins, des cadres en argent et en ivoire, des verres de Murano et des cristaux de Bohème (XVe - XVIIIe siècles), des ivoires et des émaux italiens et européens d'origine médiévale, ainsi que de précieuses tabatières. Au premier étage, précédées par une antichambre où trône le portrait du duc de Martina, on peut visiter les salles consacrées à la prestigieuse collection de porcelaines, du XVIIIe siècle pour la plupart, où la très riche collection d'exemplaires de la manufacture de Meissen côtoie des pièces toutes aussi précieuses fabriquées à Capodimonte, Venise et Naples, à Chantilly, Sèvres et Vincennes, dans les manufactures allemandes de Berlin, Niderviller et Frankenthal, à Vienne, Zurich, dans les fabriques de Wedgwood ou à Chelsea. Entre autres objets en porcelaine à pâte dure ou à pâte tendre, on peut admirer des assiettes et des services de table, des cannes dont les poignées sont en porcelaine, ainsi que des cadres, des médaillons et des vases. Autre collection intéressante que l'on peut découvrir dans ce musée, celle d'art oriental, une des principales d'Italie, qui regroupe plus de mille porcelaines en provenance du Japon et de Chine. Ces pièces, exposées à l'entresol de la Villa et au premier étage, sont toutes d'une incroyable beauté ; citons tout de même, parmi les plus prestigieuses, des porcelaines chinoises blanches et bleues très raffinées de la "famille verte" et de la "famille rose", un vase chinois de la "famille noire", des objets datant de la dynastie Ming, des ivoires, des laques et de petits bronzes chinois et indiens.

1) Porcelaine du XVIIIe siècle.
2) Porcelaine de la Real Fabbrica de Naples.
3) Eventail pliable.
4) Vase figurant l'adoration des Rois Mages.
5) Cabaret, porcelaine de fabrication allemande.
6) Coupe et candélabres du XVIIIe siècle.

Castel Sant'Elmo

C'est Robert d'Anjou, en 1329, qui ordonna la construction du château, à laquelle participa au début du moins, le siennois Tino di Camaino qui, parallèlement, s'occupait de l'édification de la Chartreuse San Martino située non loin de là.

Terminée plus de vingt ans plus tard, cette construction massive fut ensuite refaite pendant la première moitié du XVIe siècle sur ordre du vice-roi Pedro di Toledo. Il s'agit d'un bâtiment austère, partiellement creusé à même le tuf du Vomero, en forme d'étoile, dénué de tours (remplacées, au départ, par de gigantesques canons placés aux quatre coins de la structure), entouré d'un fossé profond sur trois côtés et d'un petit nombre de fortins édifiés

plus tard. Son importance stratégique fut telle qu'au fil des siècles, il devint le théâtre d'événements cruciaux pour l'histoire de la ville, à commencer par le siège des troupes de la reine Jeanne Ire en 1348 jusqu'à la révolution de Masaniello trois siècles plus tard.

1) Vue du Castel Sant'Elmo.
2) Eglise Sant'Erasmo sur les gradins de Castel Sant'Elmo.

Chartreuse de San Martino

Cet édifice vit le jour entre 1325 et 1368, sous l'égide de Charles d'Anjou. L'église, inaugurée en 1368 mais profondément modifiée à la fin du XVIe siècle, est un exemple splendide du baroque napolitain. A l'intérieur à une seule nef, les chapelles latérales sont venues remplacer, au XVIe siècle, les nefs de droite et de gauche d'origine. Les splendides décors en marbre, réalisés entre la fin du XVIe et le début du XVIIe siècle à partir d'un projet du toscan Giovanni Antonio Dosio, furent également retouchés au XVIIIe et n'en devinrent que plus précieux. La peinture la plus célèbre de l'église, la grande Déposition (1838) de Massimo Stanzione (dont on peut admirer de nombreuses autres oeuvres) est exposée à hauteur du portail. Dans les arcades des chapelles, on ne manquera toutefois pas d'admirer les Douze prophètes réalisés pendant la

1-2) Chartreuse de San Martino : le cloître.
3) Vue partielle du grand cloître.
4) Chartreuse de San Martino : détail de la cour.

première moitié du XVIIe siècle par Spagnoletto. Parmi les nombreux artistes qui travaillèrent à la très riche décoration picturale de l'église, rappelons notamment Guido Reni (auteur de la Nativité inachevée sur le mur du fond du presbytère), Battista Caracciolo (notamment pour les très belles fresques figurant la Vie de Marie sur la voûte de la troisième chapelle de gauche et la Lavande au pied de la paroi gauche du presbytère), Luca Giordano (auquel on doit le Triomphe de Judith sur le plafond de la chapelle du Trésor), Carlo Maratta et Francesco Solimena. De l'église, en passant par le cloître attenant des Procurateurs, on pénètre dans les splendides jardins de la Chartreuse, qui offrent des panoramas spectaculaires.

4

Musée National de San Martino

Composé de plusieurs sections, la Pinacothèque et la Collection de sculptures, le musée siège dans les locaux de la Chartreuse du même nom. De la première section, la section Navale, où sont exposées des maquettes de bateaux d'époque allant du XVIIe au XIXe siècle, on passe à celle qui regroupe les Souvenirs historiques du Royaume de Naples, dont la première salle abrite le célèbre Retable Strozzi, réalisé vers la moitié du XVe siècle et que l'on a récemment attribué à Francesco Rosselli. Ce tableau, peint à la détrempe, figure le retour triomphal de la flotte espagnole de Ferrante d'Aragon après la bataille d'Ischia en 1465 contre les Angevins. En toile de fond, la représentation pleine de réalisme de la ville comme elle devait être au XVe siècle constitue un précieux témoignage dans le cadre de l'étude topographique et du développement urbain de Na-ples. Dans les autres salles, à côté de toutes sortes d'objets (coffres-forts, céramiques, estampes, médailles, objets ayant appartenu à des personnages illustres, vases, armes, etc., etc.) se succèdent les portraits de personnages célèbres et de régnants qui ont marqué l'histoire napolitaine (nombreux portraits des princes bourbonais, dont une précieuse copie de Charles III de

1) *Sculpture du XIIIe siècle, Vertu Cardinale.*
2) *Tableau Strozzi : le port de Naples.*
3) *Domenico Gargiulo, révolte de Masaniello.*

Bourbon de Goya, un Portrait de l'Amiral Nelson, plusieurs toiles figurant Joachim Murat, dont celui de ses noces avec Caroline Bonaparte) et des tableaux représentant des épisodes importants de la ville de Naples (révolution de Masaniello, la Bataille de Leipzig, Prise de la ville par Don Giovanni d'Autriche, Inauguration du chemin de fer Naples-Portici, Garibaldi au Vulturne) et de beaux pay-

sages napolitains. De la dernière salle de cette section, on peut passer au belvédère, qui offre une vue spectaculaire sur Naples et son golfe, ou accéder à la section dédiée à la Topographie napolitaine. C'est ici que sont conservés les anciens plans de la ville, dont l'exceptionnel tracé de 1566 du français Antoine Lafréry, ainsi que des toiles de plusieurs époques figurant la ville et d'autres localités campanes. Une partie des salles qui, au départ, constituaient l'appartement du prieur de la Chartreuse, dont les voûtes sont agrémentées de grandes fresques du XVIIIe siècle, abritent la section des Fêtes et des Coutumes, où les vêtements et les costumes d'antan s'inscrivent en toile de fond d'une série d'acquarelles du XVIIIe siècle ayant pour thème Polichinelle, la célèbre marionnette de la ville, ainsi que des tableaux des XVIIIe et XIXe siècles dédiés aux fêtes traditionnelles (Le carnaval de 1711, la Fête de la Madone de l'Arc, la Fête de San Germano). Ne manquez surtout pas de visiter les salles qui abritent la section des Crèches, où vous pourrez admirer de précieux statuettes et des crèches d'antan, datant pour la plupart du XVIIIe siècle. Cet art traditionnel si cher à la ville de Naples, auquel de nombreux artistes et artisans ont consacré leur talent, a donné naissance à deux des plus rares pièces de la collection : la crèche Cuciniello, où sont rassemblés plus de deux cent statuettes figurant des personnages et des animaux, et la crèche Ricciardi, qui regroupe une centaine de pièces minutieusement sculptées et peintes. On remarquera aussi l'originale crèche en miniature réalisée à l'intérieur d'une coquille d'oeuf, qui est probablement la plus petite du monde. Certaines salles de cette section sont consacrées au théâtre napolitain : on y trouve notamment des toiles intéressantes représentant le Théâtre San Carlo avant l'incendie qui, en 1816, détruisit complètement la salle et les autres parties de l'édifice. Pour se rendre à la Pinacothèque, il faut traverser

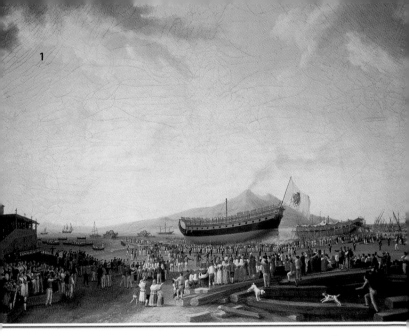

le grand Cloître de la Chartreuse, un vaste jardin entouré de splendides arcades dessinées par Giovanni Antonio Dosio à la fin du XVIe siècle. L'aspect du Cloître fut en partie modifié au siècle suivant par le bergamasque Cosimo Fanzago, auquel on doit une grande partie de la décoration élégante et le petit cimetière. Dans les salles qui abritent une collection importante de tableaux représentant toutes sortes de sujets et de plusieurs époques, une Epiphanie des grecs Angelo et Donato Bizamano (XVIe siècle), une Marine de Salvator Rosa (XVIIe), le Portrait des Sabines de Luca Giordano, les Parties du monde de Ribera (reprises d'un autre tableau du Giordano figurant le même sujet), un stupéfiant Paysage d'Alessandro Magnasco, un Autoportrait de Francesco Solimena et, pour terminer, des natures mortes et des figurations animales et florales des napolitains Tommaso Realfonso et Baldassare De Caro et du flamand Brueghel.
Les deux salles qui précèdent les dernières pièces sont entièrement consacrées aux peintres napolitains de la seconde moitié du XIXe siècle (parmi lesquels Domenico Morelli et Vincenzo

Gemito) : on peut y admirer des portraits et des paysages (Portrait de l'architecte Chelli de Gaetano Forte ; Portrait de Filippo Palizzi ; Paysage de Giuseppe Palizzi, Coucher de soleil en hiver de Federico Rossano ; le curé de campagne de Marco de Gregorio). La section des Sculptures abrite de nombreuses oeuvres intéressantes qui couvrent une vaste période temporelle : le sépulcre romain réutilisé comme monument funéraire quelques siècles plus tard date du Ier siècle après J.-C., alors que les précieuses sculptures de Tino da Camaino, qui travailla beaucoup à Naples pendant la première moitié du XIVe siècle, datent elles de cette époque. Dans les salles consacrées aux Arts Mineurs, parmi les splendides objets exposés, rappelons surtout la collection de verres (et notamment d'exem-

1) Jacob Philippe Hackert : lancement du navire de guerre "Parthénope" à Castellammare. 2) Sculpture du XIIIe siècle. 3) Musée National de San Martino : Eduardo Dubrefe - Le Prince de S. Antimo, Vincenzo Rufolo et ses enfants. Oeuvre signée et datée de 1851.

1) Candido Francesco Saverio :
Portrait de Cimarosa.
2) Ter Bruggren : portrait pré-
sumé de Masaniello.
3) Salvatore Fergola, inauguration de la ligne de chemin de fer
Naples-Portici.
4) Eglise du Carmin.

plaires raffinés du XVe
siècle fabriqués à Mu-
rano, et des XVIe et
XVIIe siècles produits
en Italie et à l'étran-
ger), celles des glaces,
et les porcelaines du
XVIIIe de la Real Fab-
brica de Naples et de
Sèvres. Parmi les sou-
venirs de la Chartreu-
se, les antiphonaires
décorés d'une perfec-
tion stupéfiante mé-
ritent une mention
particulière.

Place Municipio et Corso Umberto I

De la Place Municipio, la Via Depretis se poursuit jusqu'à la Place Giovanni Bovio, au centre de laquelle trône la Fontaine Neptune. Situé sur cette même Place, le Palais de la Bourse a été construit à la fin du XIXe siècle et englobe la chapelle Sant'Aspreno al Porto, dont la fondation remonte au VIIIe siècle. Ample artère ouverte à la fin du XIXe, le Corso Umberto Ier est surnommé « le Rettofilo » en raison de son tracé, au départ de la Place Giovanni Bovio. Sur le côté gauche se dresse la très vieille église San Giovanni Maggiore, fondée au IVe siècle mais reconstruite aux XVIIe et XIXe siècles, qui a conservé la forme typiquement basilicale des églises paléochrétiennes. Construit autour du noyau d'origine qu'était le Studio Generale fondé en 1124 par Frédéric II de Souabe, le grand édifice de l'Université (1897-1908) n'est pas loin, tout comme l'église (XVIe siècle) du Gesù Vecchio, érigée sur le site d'une ancienne église, dont l'intérieur, en marbre polychrome, est agrémenté d'intéressantes œuvres picturales, dont un Saint Louis attribué à Giovanni Battista Caracciolo. Sur le côté droit, on peut en revanche visiter l'église San Pietro Martire, qui abrite de précieux tableaux des XIVe, XVe et XVIe siècles dont la célèbre peinture sur bois (XVe siècle) du napolitain Nicolò Colantonio représentant Saint Vincent Ferreri. Au-delà de la Place Nicola Amore, dite des Quattro Palazzi en raison des quatre édifices d'architecture similaires qui s'y dressent, on arrive, sur la gauche, à l'église Sant'Agostino della

4

Zecca, originaire du XIVe siècle mais remaniée jusqu'en 1761, à l'intérieur de laquelle on peut admirer une précieuse Vierge à l'Enfant en marbre de Francesco Laurana. Plus loin, après l'église Santa Maria Egiziaca (XVIIe siècle), à ne pas confondre avec l'église du même nom de Pizzofalcone, se dresse l'église Santa Maria Annunziata (fondée au XIVe siècle) qui doit ses formes magnifiques à Luigi Vanvitelli, qui en réalisa la reconstruction pendant la seconde moitié du XVIIIe siècle. Enfin, presque au bout du Corso, toujours sur la gauche, l'église San Pietro ad Aram aurait été construite à l'endroit même où Saint Pierre convertit Sant'Aspreno et le consacra premier évêque de Naples.

Place del Mercato

Située dans le vieux quartier qui s'étend à droite du Corso Umberto I, la Place del Mercato est agrémentée de deux fontaines à obélisque. Tristement célèbre pour avoir accueilli de nombreuses exécutions capitales, dont celle de Corradino de Souabe en 1268, cette place a été le témoin des premiers mouvements d'insurrection populaire guidée par Masaniello, dont la maison se situe juste derrière la Place. Pendant la Seconde Guerre mondiale, la Place del Mercato a presque entièrement été détruite par les bombardements, qui infligèrent de graves dommages aux monuments alentour. Sur le côté Nord, on peut voir la belle coupole en majolique de l'église Santa Croce al Mercato, construite en 1786 et, sur le côté Ouest, l'église Sant'Eligio (XIIIe siècle), la première église construite à Naples par la Maison d'Anjou, et son arc caractéristique (XVe siècle) qui la relie au clocher.

Santa Maria del Carmine

En sortant de la Piazza del Mercato, il suffit de marcher un peu pour tomber sur la Piazza del Carmine, sur laquelle se dresse, à gauche, la basilique Santa Maria del Carmine. Ce très vieil édifice (on suppose qu'il fut construit au XIIe siècle) fut agrandi et remanié avant le début du XIVe siècle sur ordre d'Elisabeth de Bavière, la mère de Conradin de Souabe, qui fut enterré avec le duc d'Autriche Frédéric de Baden, son cousin et compagnon de désaventure décapité avec lui en octobre 1268 sur la Piazza del Mercato sur ordre de Charles Ier d'Anjou. D'autres transformations (de la façade notamment) furent apportées entre le XVIIe et le XVIIIe siècle. Sur le côté droit, l'église est flanquée d'un campanile imposant (XVe) qui se termine par une flèche en majolique rajoutée pendant la première moitié du XVIIe siècle ; l'arc central donne accès au cloître du couvent annexé à la basilique, dont le portail est agrémenté, sur la voûte et les murs, de fresques des XVIe et XVIIe siècles. L'intérieur de la basilique, à une seule nef flanquée de chapelles, est précieusement décoré de marbres polychromes rajoutés par des artistes des XVIIe et XVIIIe siècles. Dans la première chapelle à droite, on remarquera la chaire qui se trouve à l'endroit même où Masaniello s'adressa à la foule juste avant d'être assassiné par un traître dans le couvent. C'est au demeurant à l'intérieur de la basilique du Carmine que se trouve la tombe de cet héros populaire, dont on ignore toutefois l'emplacement car il fut gardé secret à l'époque. Toujours dans cette chapelle, on peut admirer une toile de Mattia Preti, la Vierge et Saint Simon et, à hauteur de l'arc du transept, un Crucifix en bois du XIVe siècle, qui a la réputation d'être miraculeux depuis le XVe siècle. Un autre Crucifix en bois, du XVe siècle cette fois, est conservé dans la chapelle à gauche du transept, embellie d'une Crucifixion que l'on attribue à Francesco Solimena. Le chœur abrite un petit retable figurant la

Madone de la Bruna réalisée au XIVe siècle : cette icône, amplement vénérée par la population, se trouvait au départ dans la petite église qui s'élevait à la place de l'actuelle basilique.

Place Garibaldi

De l'église Santa Maria del Carmine, poursuivons notre promenade en prenant, après la Piazza Pepe, le Corso Garibaldi qui continue tout droit jusqu'à la Piazza Nolana, située non loin de la station de la Circumvesuviana. C'est ici, sur la droite, que se dresse la Porte du même nom, flanquée de deux tours qui représentent la Foi et l'Espérance. Sur l'arc de la Porte, qui fut ouverte au XVe siècle dans les remparts de la ville et qui est restée miraculeusement intacte en dépit de siècles d'histoire tourmentée et, surtout, des bombardements qui s'abattirent avec violence dans ce quartier de la ville, on remarquera un bas-relief figurant Ferdinand Ier d'Aragon. En continuant sur le Corso Garibaldi, on arrive jusqu'à la place du même nom : réalisée au XXe siècle ; cette place, relativement grande, est ornée d'un monument à l'Héros des deux Mondes réalisé par le sculpteur florentin Cesare Zocchi en 1904.

Devant la place, la Gare Centrale de Chemin de fer, construite entre 1959 et 1970.

Place Carlo III

De la Place, le Corso Garibaldi continue encore jusqu'à la Place Carlo III, sur laquelle se dresse l'immense Albergo dei Poveri. Erigé entre 1751 et 1829, cet édifice qui, si l'on en croit les plans d'origine, aurait dû être encore plus grand, a été réalisé à la demande de Charles III de Bourbon pour accueillir les pauvres et les indigents qui envahissaient les rues de la ville.

Jardin Botanique

Créé au début du XIXe siècle par Joseph Bonaparte, il s'étend sur une grande surface à gauche de l'Albergo dei Poveri. Au-delà des sites plantés de différentes espèces, officinales ou pas, il abrite aussi des vasques où sont cultivées des plantes aquatiques, ainsi que des serres et l'Institut Botanique, ses herbiers historiques très intéressants et sa riche bibliothèque spécialisée.

Place Ferrovia.

Le Vésuve

Si l'on en croit les géologues, les origines du seul et unique volcan actif d'Europe continentale, symbole indiscutable et indiscuté de Naples et de toute la région campane, remonteraient à douze mille ans, époque à laquelle, selon toutes probabilités, l'activité sismique de la croûte terrestre transforma un ancien volcan en ce qui allait plus tard devenir le Vésuve. Après une série d'éruptions initiales, le volcan entra dans une période d'inactivité, plus ou moins à partir du VIIIe siècle avant J.-C. : à ce moment-là, il devait être considérablement plus haut qu'à l'heure actuelle (1270 mètres environ) et atteindre environ 2000 mètres ; de plus, ses pentes, aujourd'hui arides pour la plupart, devaient être recouvertes d'une végétation dense typique du maquis méditerranéen. Historiquement parlant, on estime que l'activité du Vésuve, dont l'éruption catastrophique de l'an 79 après J.-C. qui ensevelit Pompéi et Herculanum constitue le point culminant, remonte à l'an 64 avant J.-C., date à laquelle toute la region campane fut secouée par un tremblement de terre dévastateur. Seize ans plus tard, la ter-rifiante éruption décrite par Pline le Jeune fut elle aussi précédée par de fortes secousses sismiques immédiatement suivies d'une explosion dévastante.

Le magma incandescent et la pression irrépressible des gaz ouvrirent le conduit souterrain et jaillirent avec une violence épouvantable sous forme de boue brûlante, de lave, de pierres, de lapilli, de gaz asphyxiants et de cendres en déchirant un flanc de la montagne et en semant la mort et la désolation tout autour. Les scientifiques estiment que la forme actuelle du Vésuve date de cette époque. D'autres éruptions de moins forte intensité se produisirent jusqu'au XVIe siècle, époque à laquelle le volcan sembla vouloir cesser toute activité. Il ne

1) *Vue panoramique du Vésuve.*
2) *Détail mettant en évidence l'action modificatrice des coulées de lave sur le territoire environnant.*
3) *Détail d'une formation lavique dite "en cordée"".*
4-5) *Formations laviques.*

1

s'agissait malheureusement que d'une accalmie puisqu'en 1631, une nouvelle éruption provoqua des milliers de victimes et des dommages incalculables. Les périodes d'accalmie et d'éruptions

1) Fumeroles en activité.
2-3) Vues de l'itinéraire qui, du col, mène au cratère.
4) Phase effusive.
5) Vue suggestive du cratère enneigé.
6) Eruption.

se succédèrent ensuite jusqu'au début du XXe siècle, jusqu'en 1906, année qui vit une nouvelle éruption et une nouvelle modification, ne serait-ce que partielle, de la morphologie du volcan. La dernière éruption dévastatrice remonte à 1944 : en cette circonstance, un grand cratère presque entièrement recouvert de cendres jaunes se forma au sommet du volcan.

1

1) *Détail du sentier permettant de descendre à l'intérieur du cratère.*
2-3) *Deux passages de la montée au cratère.*
4) *Vue panoramique du parcours menant au cratère.*

2

3

4

Pozzuoli

Située sur un magnifique promontoire très fertile face à la mer du golfe, cette petite ville, qui a connu ces dernières années un important développement commercial et industriel, conserve d'importants témoignages des époques romaine et médiévale. Pozzuoli fut fondée au VIe siècle av. J.-C. par des colons venus de Grèce. A l'époque romaine, elle fut appelée Puteoli (de puteus, puits) en raison des sources thermales que l'on trouve en grand nombre dans les alentours, et elle devint bientôt un important port maritime.

A l'entrée de la ville s'élève le grandiose Amphithéâtre Flavien, bâti au Ier siècle apr. J.-C. sous l'empereur Vespasien. En raison de sa taille imposante, c'est le troisième amphithéâtre romain

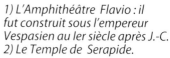

1) *L'Amphithéâtre Flavio : il fut construit sous l'empereur Vespasien au Ier siècle après J.-C.*
2) *Le Temple de Serapide.*

en Italie après le Colisée et celui de Santa Maria Capua Vetere. Les parties les plus belles de l'édifice sont les vastes souterrains, parfaitement conservés, où se déroulaient les préparatifs des jeux et des sanglants combats qui y avaient lieu. Un autre important monument romain de Pozzuoli est le Temple de Sérapis, construit à l'époque des Flaviens. Ce grand édifice (75 x 58 m), à plan carré et orné de colonnes, de statues et de précieuses décorations en marbre, faisait office de marché public. A cause du bradyséisme intéressant toute la région autour de Pozzuoli, le plancher d'origine est recouvert par l'eau. Le Dôme de la ville remonte par contre au

109

Moyen Age ; il fut fondé au XIe siècle et reconstruit en 1634. De récents travaux de restauration ont montré que des structures d'un temple romain préexistant furent utilisées pour sa construction. A l'intérieur se trouvent conservés de nombreux tableaux du XVIIe. Pozzuoli est située sur la colline des Champs Phlégréens, qui doit sa célébrité à ses nombreux cratères volcaniques et qui s'étend de la région au nord de Naples jusqu'à Cap Misène et à Cumes. Certains de ces cratères sont au repos mais d'autres sont encore actifs. Le cratère volcanique de la Solfatare à Pozzuoli, qui était le Forum Vulcani des anciens, est partiellement au repos. La phase de repos relatif, également appelée solfatare, est caractérisée par une activité post-volcanique d'émission de vapeur d'eau et d'autres gaz parmi lesquels l'hydrogène sulfureux dont on obtient le soufre par dépôt. Le grand cratère central, dégarni de végétation, est en réalité le fond d'un lac volcanique très ancien qui se dessécha il y a près de 1500-1700 ans. De la Grande Bouche se dégagent des vapeurs pouvant atteindre des températures assez élevées, allant jusqu'à 162°, alors que tout autour se trouvent en

grand nombre les "funghiere", d'étranges jets de boue arborant la forme typique d'un champignon, les sources d'eaux minérales et les mofettes qui sont des émissions de gaz carbonique.

Détails de l'Amphithéâtre Flavio.

CHAMPS PHLÉGRÉENS

La Solfatara

Ce nom (qui signifie "champs ardents") est celui d'une vaste parcelle de terrain qui s'étend entre le fleuve Sebeto, le Cap Miseno et Cumes. D'origine volcanique, il est formé, à l'intérieur, de collines basses et très fertiles couvertes de végétation et parsemées de petits lacs et de sites intéressants sur le plan géologique (la Soufrière de Pozzuoli notamment) ; la côte, quant à elle, est disséminée de falaises et de baies pittoresques. Les Romains, fascinés par la beauté du site, y avaient déjà fondé des stations thermales et de villégiature (celle d'Agnano est célèbre, et celle de Baia encore plus) et construit des monuments grandioses (comme l'amphithéâtre Flavio de Pozzuoli) dont il reste encore d'importants vestiges.

1) La Solfatara : détail du cratère central.
2) Détail de la Solfatara.
3) La Solfatara : détail.
4) Sables bouillonnants.

2

1) La Solfatara : vue suggestive du cratère.
2-3) Détail de la Solfatara.
4) Bulle de boue en ébullition.

3

4

Cumes

A proximité du lac d'Averne que les anciens considéraient comme l'entrée aux Enfers peut-être en raison de ses eaux sombres et immobiles, Cumes se trouve sur un territoire qui revêtit pendant toute l'Antiquité auprès des populations grecque, romaine et autochtone une importance religieuse considérable, liée aux mythes et aux croyances du monde de l'au-delà et de la vie outre-tombe. Certains historiens attribuent cela à l'activité mystérieuse et imprévisible des phénomènes volcaniques qui, depuis toujours, ont caractérisé la région Phlégréenne. Fondée par les colons grecs venus de l'île d'Eubée qui s'implantèrent également dans l'île d'Ischia, Cumes joua bien vite, peut-être en raison de son importance en tant que centre religieux, un rôle économique et politique prépondérant. Le long de la voie Domiziana qui porte à l'esplanade de l'acropole de Cumes, se dresse l'imposant Arco Felice, cette oeuvre d'ingénierie monumentale bâtie à l'époque romaine impériale. Haut de 20 mètres et large de six, il fut construit pour recouvrir la faille qui avait été pratiquée dans la roche pour permettre le passage de la voie Domiziana, reliant Rome à Pozzuoli. Sur le site de l'arc, la vue domine

Cumes : détail de l'Acropole.

toute l'acropole qui présente un grand intérêt du point de vue archéologique. Le célèbre Sanctuaire est une oeuvre grandiose, excavée dans le tuf et s'étendant sur plus de 130 mètres, dont le côté face à la mer est percé de nombreuses fentes qui permettent l'éclairage de l'intérieur. La longue galerie d'accès s'ouvre sur une grande et suggestive salle surmontée par une voûte : il s'agit de la célèbre Salle de l'Oracle où la Sibylle de Cumes prononçait du haut de son siège imposant ses vaticinations. Il n'est pas difficile de saisir, le long du passage couvert qui

L'Antre de la Sibylle.

s'enfonce dans les profondeurs de la terre jusqu'à la salle de l'oracle (de même que dans la grande galerie de la Crypte) la valeur symbolique liée au monde des Enfers, à savoir le monde de l'au-delà des anciens. L'acropole contient les vestiges du temple d'Apollon et du temple de Jupiter. Erigé sur l'éminence la plus haute, ce dernier fut construit par les Grecs au Ve siècle av. J.-C. et reconstruit ensuite par les Romains ; il fut également utilisé par la suite comme basilique chrétienne.

1) Lac d'Averne.
2-3-4) Cumes : détails de l'Acropole.
5) Cumes : l'Arco Felice.
6) L'Antre de la Sibylle.

5

6

SOMMAIRE

© **Kina Italia/L.E.G.O.**
Textes : Claudia Converso
Impression : Kina Italia/L.E.G.O.